组织心理学

玩转职场人际关系的秘密武器

武器としての組織心理学
——人を動かすビジネスパーソン必須の心理学

[日]山浦一保 著
陈旭 译

中国科学技术出版社
·北京·

Buki To Shite No Soshiki Shinrigaku by Kazuho Yamaura
ISBN: 9784478111376
Copyright © 2021 Kazuho Yamaura
Simplified Chinese translation copyright ©2024 by China Science and Technology Press Co., Ltd.
All rights reserved.
Original Japanese language edition published by Diamond, Inc.
Simplified Chinese translation rights arranged with Diamond, Inc. through Shanghai To-Asia Culture Communication Co., Ltd
北京市版权局著作权合同登记　图字：01-2022-4008。

图书在版编目（CIP）数据

组织心理学：玩转职场人际关系的秘密武器 /（日）

山浦一保著；陈旭译 . -- 北京：中国科学技术出版社，

2024.9

　ISBN 978-7-5236-0519-6

　Ⅰ.①组… Ⅱ.①山… ②陈… Ⅲ.①人际关系学—

通俗读物 Ⅳ.①C912.11-49

中国版本图书馆 CIP 数据核字（2024）第 042109 号

策划编辑	王碧玉	责任编辑	童媛媛
封面设计	东合社	版式设计	蚂蚁设计
责任校对	张晓莉	责任印制	李晓霖

出　　版	中国科学技术出版社
发　　行	中国科学技术出版社有限公司
地　　址	北京市海淀区中关村南大街 16 号
邮　　编	100081
发行电话	010-62173865
传　　真	010-62173081
网　　址	http://www.cspbooks.com.cn

开　　本	880mm×1230mm　1/32
字　　数	110 千字
印　　张	6
版　　次	2024 年 9 月第 1 版
印　　次	2024 年 9 月第 1 次印刷
印　　刷	大厂回族自治县彩虹印刷有限公司
书　　号	ISBN 978-7-5236-0519-6/C·251
定　　价	59.00 元

领导的最高素养——"组织心理学"

本书将以领先世界的心理学研究为基础，结合笔者常年研究组织心理学的经验，以科学的观点，为各位商务人士介绍"建立良好人际关系的方法"。

我们这里所说的"建立良好的人际关系"，不仅限于一对一的人际关系的构建，也包括群体中的人际关系的处理。

人际关系对于企业领导者以及管理层来说非常重要，也是十分难以处理的问题。

因为，良好的人际关系才是一个团队走向成功的重要因素。

人们工作中 90% 的烦恼据说都来自人际关系，日常生活中的人际关系问题更是层出不穷。

本书的主题——组织心理学，是一门发现团体中存在的问题，并介绍优秀团队共通的"领导力"与"人际关系"的学问。

当今时代建立人际关系十分困难

近几年，企业组织面临的两大问题是"职场骚扰"和"心理健康"，这两个问题始终困扰着广大职场人。

随着远程办公的普及，我们越来越容易独立完成工作，但人与人之间的空间距离却被逐渐拉大。

很多人发现，如今想要和人交流，比过去难太多了。

特别是企业领导者和管理层，对他们来说，那个能够轻易建立良好人际关系的时代已经渐渐远去了。

我作为组织心理学家，曾经在各大企业、球队进行过不少调查，也和很多公司高管以及球队教练进行过深入交流。

在探讨领导力时，我对科学、客观的理论依据是绝对信赖的。

很多时候，我们会把领导力当成成功人士必备的能力。很多人也确实从中学到了不少东西，我自然不会对其全盘否定。

但我想和各位分享的是，即便我们想要学习成功人士的经验，也应该先从心理学的角度，了解人心的多变以及人际关系中的精微奥妙。

本书将从科学、客观的视角，探讨何为有效的领导力。希望科学的视角会为我们提供关于提升领导力和建立良好人际关系的新思路。

高手云集，团队就会变强吗？

为什么建立良好的人际关系对领导力的提升如此重要？

下面我要问各位一个问题：

如果你是一个团队的领导，想要带领团队走向成功，你会选择以下哪支队伍？

A. 个人能力极高的精英团队

B. 既有高手，也有能力稍差的队员的团队

一般来说，我们会觉得 A 队高手云集，团队表现一定可圈可点。

但是曾有学者调查过多个国家级球队，并开展过一项对组织心理学极有启发性的研究。

我们可以发现，团队内的"天才"占比达到一定程度之前，随着"天才"的增加，团队表现会持续提高，但超过限度之后，"天才"越多，团队表现反而会越来越差（见图 0-1）。

随后的研究还对美国职业篮球联赛（NBA）的球队成员做了一些分析，结果发现"天才选手太多的队伍表现反而会下降"，这恰恰印证了之前的研究。

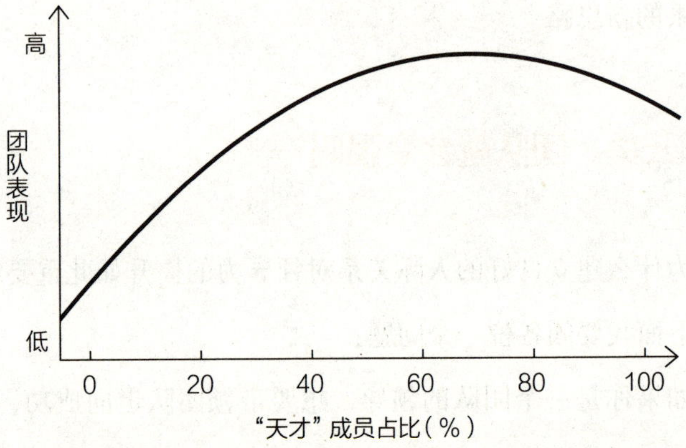

图 0-1 "天才比例"与"团队表现"关系图

虽然我们总是觉得，只要保证团队内都是精英，团队的能力就会变强，但事实并非如此。

如果团队内人人都能独当一面，却不能互相配合，那么团队的整体实力也不会太强。

可见"团队成员的协作性"与每位成员的个人能力同样重要。

全世界最早实现汽车大规模生产的是福特汽车公司，其创始人亨利·福特曾留下过一句名言。我认为他的这番话，对组织心理学也很有启示：

我们相聚，是一个美好的开端；

我们紧密抱成一团，事业必将更上一层楼；

我们团结一致，必能取得成功。

一个人能完成的工作、实现的成就终究有限。因此一个领导者想要取得成就，就一定要建立良好的人际关系。

良言一句胜过黄金万两?

下面我们谈谈与组织心理学关系密切的脑科学。

曾有一项关于人们在被夸奖时大脑反应的研究。研究者将人们获得金钱报酬时以及获得社会性报酬（夸奖）时大脑的反应通过功能性磁共振成像（FMRI）进行了比较。

结果显示，获得金钱报酬时，大脑中的纹状体会异常活跃；当人们获得社会性报酬时，这个部位同样反应活跃。

换言之，夸奖和金钱报酬对人的心理状态有着同样的影响。

你在职场上会夸奖别人吗?

如果公司管理层从来不夸奖下属，那就和从来不给下属发放金钱报酬一样，都会伤害对方的感情。

不过我们也不能毫不顾忌、随时随地夸奖下属。

有时候夸奖能提高对方的士气，让对方勇于挑战新任务；但有时候夸奖却起不到任何作用。目前学界已经有不少关于

"夸奖"的研究，但碍于前言篇幅有限，我将在正文为各位解读（详见第三章）。

组织心理学是保护自己、激励他人的秘密武器

组织心理学倡导从心理学、脑科学以及团体动力学角度，理解人们的心理和行为倾向，并制定出相应的策略。它也是领导激励团队成员共同进步的强大武器。

另外，了解他人的心理，也有助于我们避免陷入人际关系的困局。

我们要尽量减少人际关系中消极的成分，同时想方设法地增加人际关系中的积极成分。

本书旨在将团队中普遍存在的消极因素转变为积极因素，并针对"妒忌""温差""不满""权力""失信"这五个主题展开讨论。

为什么我们会选择这五个主题呢？因为这些是人际关系中最具有代表性的消极因素，它们虽然看不见摸不着，却默默地影响着整个团队。

如果你是一位在团队中工作的员工，或者是一位领导，一定会对这五个关键词感兴趣。

即便你现在的人际关系处理得一团糟，也不要灰心丧

气，我相信阅读本书之后你一定能改变现状。

　　无论你身处怎样的团队，也不论团队的大小和所处领域，本书都能给你启示。

　　人际关系虽然纷繁复杂，但想要取得事业上的进步，就不能绕开它。想要妥善处理团队内复杂的人际关系，或者想要借助团队力量实现个人成长的读者们，如果本书能为你们提供一些帮助，我将不胜荣幸。

什么是组织心理学?

心理学有一门名为"工业与组织心理学"的分支,它由"工业心理学"和"组织心理学"整合、发展而来。

以"科学管理法"的倡导者弗雷德里克·温斯洛·泰勒(Frederick Winslow Taylor)为代表的工业心理学家在 19 世纪后半叶到 20 世纪前叶为了寻找高效、安全地提高生产率的管理方法(包括调整工作方式、教育、训练、人事管理、工作环境等),进行了一系列的研究和实践。

后来,科研人员发现,工作效率除了受到物理和经济因素制约,还与员工的情绪、态度等心理因素密切相关。

组织心理学正是在这次科研风潮中应运而生的一门学问。20 世纪 60 年代,心理学家莱维特(Levitt)和巴斯(A. H. Buss)最早使用组织心理学一词,因此可见组织心理学的历史并不长。

组织心理学不是单纯假设"人类在管理组织时的任何行为都是理性的",同时也关注到了人类非理性、情绪化的行为。

1970 年,美国创立了工业与组织心理学会。而日本的工业与组织心理学会则创立于 1985 年。

如今,社会瞬息万变,工业与组织心理学也正朝着更广阔的方向发展,成了一个能推广、能应用的独立学术领域。

本书以工业与组织心理学的研究对象为基础,重点关注团队中个体的生存状态以及内心波动,是一本聚焦"组织心理学"的指导书。

CONTENTS 目录

第一章
CHAPTER 1

抚平妒忌心理，提升
工作动力

人的情绪看不见摸不着，却时刻困扰着我们的生活。

妒忌不同于其他情绪，由于人人都认为"妒忌是不被社会接受的不良情绪"，所以我们只能把妒忌的火焰深深地埋藏在心底，不让它显形。

妒忌会催生出其他情绪，也是促使人们做出诸如经常对他人怀有敌意、对妒忌的对象恶语相向等非理性行为的元凶。

正是因为妒忌，人们才会互相传播错误或毫无"营养"的信息，近些年之所以经常发生"网暴"事件，究其原因也是妒忌心理在作怪。

有些人为了让自己看上去比别人强，甚至不择手段。

妒忌不仅会伤害他人，更会折磨自己，爱妒忌的人更容易产生抑郁情绪和不安情绪。

而且，人一旦被妒忌的情绪吞没，就很难脱身。

职场关系不融洽，不论是团队还是个人，都发挥不出原有的实力。

感觉周围人都有心理问题（或者自己本身就有心理问题），如果出现了这种状况，或许问题的根源就是妒忌，是妒忌让我们心绪不宁。

所以作为一个团队的管理者，你需要理解什么是妒忌，并正确地管理自己的情绪。

另外，一定要记住妒忌并非只有消极的一面，它也有助于激发人的斗志。

我们应该仔细思考，如何因势利导，把妒忌情绪引向积极的方向。

第一节
不合情理的行为大多是"情绪"惹的祸

在探讨妒忌情绪之前，我想先和各位探讨一下这两个问题：

- 如果不加约束，人们就一定会做出非理性的行为吗？
- 非理性行为、习惯都源自情绪吗？

我们可以回顾一下自己每天的生活，会发现其实很多时候我们都被非理性支配着。虽然我们心里明白自己该做什么，但还是控制不住自己的行为和思想。

这背后既有追逐快乐的情绪，又有逃避痛苦的动机在作怪。

下面来看几个例子。

一、非理性行为 1：眼前的诱惑胜过未来的利益

如果你去做体检，结果被诊断出"典型代谢综合征"，

医生劝你要适度运动、控制饮食，你肯定会觉得对医生说的话要重视起来。

最开始你可能会信心满满地想：

"我先把酒戒了吧！就从今天开始！"

但是，一旦有个同事邀请你下班喝一杯，你就会立刻"放自己一马"，欣然答应，然后痛快地干了手里这杯酒。

有些朋友在买东西前，总是设想得很好：

"甜食也要少吃一点。这种巧克力刚好一盒十个，很容易控制量的！"

"回家就先尝一个！"

"再来一个也还好啊……"

等自己回过神来，又吃了不知道多少块巧克力，结果这次的减肥计划在第一天就以失败告终。

如果距离项目的截止日期还有一个月，你可能每天都在告诉自己"等两天再开始做也来得及吧！"，因此一回家就打开视频网站狂刷视频。

结果到了结项的节骨眼上，你手忙脚乱，最后连续熬了三个通宵才算勉强完成任务……

令人吃惊的是，我们似乎特别擅长浪费时间，明知道一切按照计划行事才是最明智的选择，但还是会"绕个弯"。

通向理想的路上，总会充满各种诱惑和纷扰。

这种拖延的思维和现象在行为经济学中被称为"双曲贴现"，表现为我们总是喜欢关注眼前的利益，例如：

● 比起未来的健康生活，眼前的啤酒、甜品诱惑更大。

● 比起将来的游刃有余，还是希望享受现在的闲暇时光。

之所以我们认为眼前的选项更好、更让人喜欢、更让人感到轻松，正是因为我们受到了追求快乐的情绪的驱使。

即便人们感受过拘束、压力，产生过消极情绪，但内心仍旧存在积极情绪，这有助于保证我们的心态健康。

消极情绪甚至会导致我们植物神经紊乱（比如血压失调等），但积极情绪却能促进神经系统复原。

因此，我们的非理性行为背后，有时是利于保持身心健康的"情绪"在发挥作用。

二、非理性行为 2：保持现状，拒绝变化

有时候我们还有这样的行为。

假如你所在的公司，大部分员工都处于事业上升期，并且公司的人才评估机制的重点是绩效考核。有一天，公司突然来了一位积极向上、成就卓著的年轻员工 X。

一天，有人突然对你说：

"X 早晚会接替你的职位。"

听别人这么一说，你不由得担心起自己今后的职场生涯和事业规划了，觉得自己的未来蒙上了一层不安的阴霾。

"考虑到公司未来的发展，X 确实比我更合适做领导，我应该退位让贤。"

虽然你内心能够理解（或者我们假设你能理解），但当你面对 X 的时候，还是会感到有些自卑，很难接受这个后辈比你更优秀的事实。

当接到公司的内部通知，得知由于高层换血，公司组织架构需要调整时，你会发现，有不少人对此有逆反心理，心里盘算着：

"那以后的待遇还能跟现在一样吗？"

有人会惴惴不安地在公司里交头接耳、搜集信息，确认公司今后的发展方向，想方设法地保住自己现在的地位。他们不想调岗、不想跳槽，惶惶不可终日。

人们很不愿意离开已经熟悉的环境或者放弃已经拥有的一切，一旦遭遇这些状况，会发自内心地抗拒。

当你对拥有的一切太过依恋的时候，或是对当下损失的恐惧超过对未来收获的期待时，就会很难放手，产生所谓的"执念"。

有些人明明一直在考虑跳槽，却不敢向前迈出一步，这也是执念的一种表现。

三、一旦拥有，价值倍增

执念在心理学上也被称为"禀赋效应❶"。关于禀赋效应，最经典的就是"马克杯实验"了。

行为经济学家丹尼尔·卡尼曼（Daniel Kahneman）将一群大学生随机分为两组。

其中一组为"买家组"，另一组则为"卖家组"。

每个卖家组成员都分到了一个印有大学校徽的马克杯，实验人员会向他们询问"你的马克杯卖多少钱？"

实验人员让买家组的成员先看看卖家组成员手里的马克杯，之后再问他们"你愿意花多少钱买这个马克杯？"

这种印着大学校徽的马克杯，一般售价为 6 美元。

而实验结果显示，买家组的平均报价是 2.87 美元，而卖家组的平均报价则是 7.12 美元，卖方的报价是买方估价的 2 倍多。

卖家和买家的区别在于：

- 是否已经拥有这件物品。
- 有没有"害怕失去"的情绪。

---

❶ 禀赋效应是指当个人一旦拥有某项物品，那么他对该物品价值的评价要比未拥有之前大大提高。——译者注

以卡尼曼为首的行为经济学家认为：从这个案例中可以看出，我们不愿意失去曾经拥有的快乐和价值，更不愿意因为失去而感到后悔。

也许眼前的机会千载难逢，但不安和嫌麻烦的情绪还是会占据上风。

我们会想：即便抓住了这次机会，生活也可能不会好起来，甚至会让自己的处境更加艰难；这个"机遇"可能会让人自乱阵脚，或者带来一个足够威胁到自己地位的对手。要真是如此，自己多没面子啊……

经过这一番思想斗争，我们就会产生"现在不也挺好嘛？不需要做什么改变"的想法了。

也就是说，"拥有"其实是一种促使人们优先考虑维持现状以获得安全感的非理性选择。

我们的非理性判断、非理性行为的背后，必然存在着担心自己处境危险、害怕受到威胁的情绪。

第二节
最麻烦的情绪——妒忌

一、忍不住想要和人比较

"我这个人啊，总是喜欢拖延，很少能够按照计划完成工作。但是我的同事 X 就能完成，他取代了我的职位。

但是我还很有干劲，也自认为工作上一直够努力了，为什么我会遇到这种事呢？"

我们就是这样，每天都在与他人的对比中评估自己的能力和价值。

一旦你发现公司里有一位能力、人缘样样比自己强的 X，就会开始不由自主地"盯"着人家。

冷静地想一想，如果你能和这位 X 保持友好关系，说不定你们两人还能互相促进，业绩更上一层楼呢？——这才是合理的选择呀！

但人们更倾向于向上比较（与各方面优于自己的人比

较），然后陷入自卑的痛苦中。

最终，你的实际想法就变得不合乎理性：

"就算 X 再忙我也不会帮他的，可不能让他'偷走'我的重要信息。"

由于此时你已经产生了"小人之心"，所以就会采取非理性行为，比如给 X 使绊子。

这样待人接物会让你的人际关系出现问题，拖慢自己和团队的进度，对谁都没有好处。

二、妒忌让你攻击他人

妒忌情绪到底是如何产生的呢？当我们产生这种情绪的时候，又会如何对待他人呢？

美国心理学家戴维·德斯迪诺（David DeSteno）的研究小组曾对此进行过一番研究，并发表过相关论文。

1. 男女团队协作测试

受试者独自进入一间房间，随后有一位异性同伴进入房间。

其实这位同伴是实验组织者特意安排的"卧底"。

"同伴"假装与受试者相谈甚欢，和对方搞好关系。

这时，组织者告知两人：

"这次实验主要探讨单人完成任务和双人完成任务时，受试者的表现差异。你们可以自由选择单人完成还是配合完成。"

随后"同伴"邀请受试者和他共同完成任务。

正当两人顺利进行任务的时候，第三位受试者突然进入房间，对两人说："不好意思我来晚了"。

这位受试者和第一位受试者为同性，同样是组织者派来的"卧底"。

当然，真正的受试者是不知道这一切的。

随后组织者再次告知三人：

"这项实验中的任务可以独立完成也可以两人组队完成。"

接下来，真正受试者的"命运"开始发生变化。

2. 同伴背叛

条件一：对照组（不接受变量处理的一组）

接下来"异性同伴"找一个借口，例如"我今天还约了医生做检查！"然后离开房间。

此时房间内剩下了一真一假两位同性受试者，于是他们开始独立完成任务。

条件二：产生妒忌的实验组（接受变量处理的一组）

此时"同伴"对第三位异性"卧底"说："要不，咱俩一组吧？"

"卧底"同意这个提议，然后两人在真正受试者能听见的距离内开始完成任务。

不论是条件一还是条件二，受试者都只能独立完成任务，但原因不同。

前者是因为同伴有事离开，后者则是因为"败给"了竞争对手。

3. 用味觉测试反映妒忌心理

这次实验后面还有另一个激化矛盾的措施：

以味觉测试为掩护，让真正的受试者给"同伴"和"竞争对手"的食物加上辣酱（重辣刺激物）。

受试者被告知：无论是"同伴"还是"竞争对手"，都不喜欢辣酱。

那么受试者到底会给另外两人加多少辣酱呢？——这才是我们要测试的。

4. 实验结果

在"产生妒忌的实验组"中，受试者不仅对背叛自己的"同伴"，而且对诱导"同伴"背叛自己的"竞争对手"都带有妒忌和敌对的情绪。

另外，遭遇无情背叛的受试者还会消极地看待自己。这种心理会加剧受试者的妒忌心理，从而使其对另一方和相关人员采取攻击行为。

最终，这股敌意体现在为食物添加的辣酱的分量上。

"对照组"的受试者为食物添加的辣酱分量平均为 1.44g，而"产生妒忌的实验组"添加辣酱的分量则平均为 3.41g。后者几乎是前者的 2.4 倍。

并且，与女性受试者（1.67g）相比，男性受试者（4.24g）的倾向更加明显。

带有恶意的妒忌，究竟如何影响我们的心理活动，又是如何操纵我们采取恶意、破坏的行为的呢？这场实验的结果让我们得以窥见一丝端倪。

集体中只要有一人产生了妒忌情绪，就会传播开来，最终演变成对所有人都没有任何好处的非理性行为。

三、越是爱妒忌的人越离不开手机

研究表明爱妒忌的人其实也很痛苦，妒忌对健康的危害十分巨大。

下面再介绍一项以中国初中生为对象的调查研究。

这项调查再次为我们敲响了警钟：妒忌情绪不仅会伤害周围的人，还极大地影响着本人的身体健康。

假如一个妒忌心强的学生，被分到一个同学关系不算融洽的班级会怎样呢？

这个学生肯定会每天都"疑神疑鬼"地琢磨："我不在班里的时候，是不是有人受到老师表扬了？为什么他就那么招人喜欢呢？"

调查结果显示，由于担心自己错过机会，这个爱妒忌的人心神不宁，经常摆弄手机，甚至片刻不离身。

但是过度依赖手机上的社交媒体，会产生许多问题。

比如现代人越来越不擅长面对面交流，更容易出现躁郁症❶等情感障碍，失眠现象也愈发普遍。由此可见社交媒体已经对我们的健康造成了影响。

研究结果还显示，如果所在班级同学关系融洽，爱妒忌的人产生不良情绪的概率也会变低。

妒忌是一种让人痛苦、让人迷惑的情绪，如果不跟人接触，它便不会产生。但只要我们身处这个社会，从属于某个组织，我们就不得不和他人打交道。

因此，妒忌情绪对于身处组织中的个人而言十分麻烦。

这就产生了两个问题：

---

❶ 即双相情感障碍，患者既有躁狂症发作，又有抑郁症发作。——译者注

其一，为什么人类就是无法舍弃这些毫无益处的情绪呢？

其二，我们是否能够管理好妒忌情绪，让人际关系变得更加融洽呢？

我将在后文一一为各位解答。

第三节
抚平妒忌心，劣势化优势

一、问题 1：我们为什么放不下妒忌心？

我们都知道妒忌可能会招来祸患，那么为什么我们总是放不下这种情绪呢？如果人类真的不需要妒忌心，为什么它没随着进化的过程被淘汰掉呢？

爱妒忌的人其实很细心，他们能从众多同事中找到自己妒忌的对象。

而且他们选择妒忌对象的标准很严格，只有那些对自己造成威胁、让自己感到自卑的人才能"入选"。因此，一个人在妒忌他人的同时，也在审视自己。

他们能够强烈地感受到他人的存在，并渴望确认和保持自己的存在价值。

这些其实都是我们保护自己生命安全的重要能力。

假如你是日本战国时期的一位武将。乱世之中，群雄并起、弱肉强食，如果敌军的武将比你更有能力、拥有更丰富的资源，那么对方一定会继续扩张势力，并想方设法地占领你的领地、抢走你的资源、挤压你的管辖权。

敌人的存在让你感到不安，他的力量和地位都能威胁到你，此时你一定希望在对方势力进一步扩张前和他决一雌雄，趁早把他解决掉以稳固自己的地位。

换言之，妒忌好似一个"侦测器"，它能帮你发现比自己强大的对手，督促你捍卫自己的资源和地位。

但是，现代人处理人际关系时，不能寻找优于自己的竞争对手，再以铁血手腕排除异己。

在公司里，一旦你的妒忌情绪被他人发现，你就很容易被周围人看不起，反而白白损害了自己的名誉。

在我们和这隐秘的情绪对抗时，往往会对他人产生这样的想法：

"如果你不在这里的话，我就能更轻松地得到我想要的一切，也不用承受这么多的痛苦，让自己这么不开心了。"

这种由妒忌、怨恨和敌意交织的情绪在我们心中掀起巨浪。

当我们越是发现，以自己现在的能力已经无法维持现状，而且我们想要得到的资源实在有限且极难得到，或者有人正在和我们争夺资源的时候，就越容易被妒忌的情绪控制。

这绝非一种健康的心理状态，它常常让我们的内心极度苦闷。

这恰如亚里士多德所言："妒忌者之所以痛苦，是因为折磨他的不仅是自己本身的失败和挫折，还有别人的成功。"

二、妒忌时大脑的状态

曾经有学者就妒忌情绪与大脑活动的关联性进行过研究。

研究者们召集了 19 名平均年龄 22.1 岁的青年人，并给他们每人发了一本剧本，要求他们在阅读剧本的时候，用自己的名字替换掉主人公的名字。

这 19 名受试者不论是学习成绩、兴趣特长、求职状况都处于平均水平。

实验结果显示，如果角色跟自己的联系性弱，且能力水平一般，则受试者不会特别妒忌；但如果角色与自己的联系性很强，且能力优于自己或拥有自己不具备的才干，受试者就会展现出明显的妒忌情绪。也就是说，人们更容易妒忌同时具有以下特质的人：

与自己性别相同且发展前途、工作单位、生活方式和兴趣相近（与自己联系性强）。

比自己成绩优秀、兴趣特长得到更好的发展（拥有优秀能力、特殊才干）。

科研人员还研究了受试者的大脑活跃状态，结果发现，产生妒忌情绪时，大脑的前扣带回❶这个部位反应极为强烈。

目前，学界认为前扣带回与血压、脉搏等自主神经功能，决策、同理心以及情绪等认知功能，以及身体痛觉都有一定的关联性。

换言之，妒忌对我们来说不仅是一种心灵上的痛苦，也是一种肉体上的折磨。它与人们的心理状态和身体健康都有着紧密的联系。

另外，当妒忌对象遇到不幸的时候，我们容易产生幸灾乐祸的想法，此时大脑的纹状体❷十分活跃。

纹状体是人体奖励机制的一部分❸，它的活跃让人产生了"他人的不幸就是自己的万幸"的想法。

科研人员还发现，前扣带回越活跃，纹状体的反应也就越强烈。

也就是说，妒忌心越强的人，越喜欢看到他人"倒霉"。

---

❶ 位于大脑半球内侧面的扣带沟与胼胝体沟之间的脑回，属于边缘系统的皮质部分。——译者注

❷ 大脑基底神经节之一，主要负责调节人体的肌肉张力、协调各种精细复杂的运动等。——译者注

❸ 纹状体能让大脑产生快乐的感觉，通过奖励机制促使人重复某种行为并养成习惯。——编者注

　　为了让自己能够生存下来，能够生活得更好，当我们发现身边有更优秀的人存在，而且他们可能会对自己造成威胁的时候，我们就有必要多个心眼，给自己装一个"雷达天线"。

　　因此，妒忌情绪就好比一种能够保护自己资源的"侦测器"，帮助我们自我防卫。

三、问题2：有没有管理妒忌心的方法？

　　有人的地方就有妒忌。因此我们需要找到管理并妥善利用妒忌情绪的方法。

　　每个人都有妒忌的时候，但为什么妒忌对不同人的影响也不相同呢？

　　事实上，妒忌可以分为两类，即"恶性妒忌（malicious envy）"和"良性妒忌（benign envy）"，详见表1–1。

表1–1　妒忌的两面性

对比项目	恶性妒忌	良性妒忌
对象	比自己优秀的人	比自己优秀的人
情绪	敌意、愤怒	艳羡、倾慕
意向性	排他："打压排挤"	合作："向他看齐"

恶性妒忌包含敌意、愤怒等不愉快的情绪。

良性妒忌则包含艳羡、倾慕的情绪。这两种情绪都是向上比较的结果。

发现比自己优秀的人，就开始琢磨"为什么人家就那么顺风顺水！要是没有这个人就好了"，这就是恶性妒忌了。

同样是发现比自己优秀的人，有些人则会满心欢喜地想向对方学习，这就是良性妒忌。

如果别人拥有你不具备的资源，你自然会格外关注他。

此时你到底是觉得"如果没有他就好了"，进而排挤他，还是觉得"我也想像他一样，想和他一起工作"，并带着善意与他合作？这就体现了恶性妒忌和良性妒忌的区别。

这种区别会强烈影响我们与他人互动时的心理动机。

妒忌情绪不一定导致消极、低效的行为，有时候妒忌反而会成为人们奋斗的动力，让人充满干劲。

下面我们来想想，如何控制思想、引导情绪，如何让妒忌心理成为积极、高效行为的催化剂。

面对妒忌这个非理性行为的根源，我们应该引导它发挥积极作用，为我们所用。

四、利用"不服输"的心理

每个人都有妒忌他人的时候，或许有些人也发觉了自己本身就是个妒忌心强的人。

在职场上，有没有办法能够让人不被负面的妒忌情绪支配，而是心平气和地顺利推进工作呢？

作曲家兼制作人淳君❶曾担任摇滚乐队"射乱Q❷(Sharam Q)"的主唱，但出道很久都没有自己的代表作品。

而和他同年出道的孩子先生❸(Mr. Children)乐队主唱樱井和寿❹则带领他的乐队抢先达成专辑百万销量的好成绩，并一举成为日本顶级摇滚乐队。

淳君在综艺节目中坦言自己的艳羡和妒忌之情，他不想屈居人后，于是开始分析自己的劣势，把樱井和寿当成自己的"劲敌"，努力追求超越。

这正是身处妒忌情绪（或容易产生妒忌心理）的人的生存、成长策略。

科学已经证明，妒忌其实是一种能起到积极作用的心理机能，而且它的作用机制正在逐渐被人们揭晓。

---

❶ 原名寺田光男。歌手、作词家、作曲家，射乱Q乐队主唱。别名魔娘之父、早安教父。——译者注

❷ 日本知名摇滚乐队，成立于1988年，于2000年活动休止。——译者注

❸ 和"射乱Q"乐队同年组建的摇滚乐队。——译者注

❹ 孩子先生乐队主唱。——译者注

体现妒忌的积极作用的典型例子就是与对手竞争的心理和切磋技艺的渴望。

妒忌的背后其实是一个人不想屈居人后，渴望超越对手、提高自己能力的迫切心情。

从管理者和经营者的角度看，妒忌是一种驱动力，它能让团队内部充满良性竞争。

五、妒忌的力量让你表现突出

德国心理学家曾做过这样一项调查研究，在马拉松赛事前两天，从参赛选手中征集受试者填写调查问卷，以衡量妒忌的影响，问卷中还包含"设定目标成绩"的问题。

结果，那些喜欢良性妒忌的人设定的目标更高，最终他们的成绩也十分理想。

日本心理学家还曾以大学生为对象，进行了关于"妒忌者的表现"调查。

此次实验在一次课堂上进行。

首先，受试者被要求填写一份问卷，回答能够测试妒忌心理的问题。

此外，问卷还要求他们填写下周考试的目标分数。

一周后，考试如约而至。

参加这次考试的学生对考试十分重视，因为老师们事前就告知"这次考试的分数会计算进今年的期末成绩"。

结果，与德国心理学家的测试结果一样，"良性妒忌带来了更高的目标和更好的考试成绩"。

这两次试验都印证了一个道理——妒忌能让一个人更努力地打磨自己。

六、向你的妒忌对象"取经"

曾经有几位韩国商业家将妒忌行为分为三个类别。

其一是"'绊倒'妒忌对象X"。

比如，给X的工作制造麻烦，拉低他的贡献度，跟老板说他的坏话，或者在公司内部传播他的"八卦新闻"。

这样，妒忌者可以毫不费力地赶上比自己更优秀的人。

但是，这会摧毁和X的信赖关系，导致工作更难进行，而且周围的人由于怕"得罪"自己，会变得提心吊胆，也会带来其他大大小小的损失。

如果一味地让员工竞争，就更容易产生妒忌的负面影响。

通常企业高管和项目负责人为了促进企业发展会采取竞争淘汰制度，但我们也要注意控制竞争的"副作用"。

其二是回避对方。

然而，这一行为也不太可能构建公司或团队的合作关系，让成员朝着同一个目标努力。

其三是"向 X 请教，积极学习"。

这种行为才能改善妒忌者的表现。

更重要的是，X 可以认识到自己是"受到尊重（事实上是受到妒忌者尊重）"的，这样双方的关系得以继续维持，甚至今后还有机会走得更近。

这项研究证明，如果双方成了朋友，他们就更愿意互相请教。

处于"棋逢对手"关系中的两人能够互相学习长处，交换信息。这样看来，妒忌也是一种强而有力的资本。

七、如何管理有妒忌心的下属？

近年来，随着工作形式的多样化发展，领导者越发需要有应对、处理各种价值观的能力。

从团队成员的角度看，正因为团队由拥有不同能力的人组成，所以人与人相互比较的现象越来越明显，也更容易滋生妒忌情绪。

有些人因为妒忌产生了消极情绪，有些人则因妒忌产生积极情绪。而前者则更注重细枝末节，容易抓住某件事不放。

团队中包含形形色色的人，他们各有各的强项，但消极的妒忌情绪则让人视野狭隘，只能关注到一个人的某一方面。

带着这种消极的妒忌心态的人十分渴望"领导更看重自己"或者"自己比别人有优势"。

不过消极的妒忌情绪也是可以被抵销的，领导者可以让这样的人做他们擅长的工作或在擅长的领域发挥作用，这样一来，即便他对其他领域、其他同事抱有自卑感，这种自卑感也有可能得到缓解。

截至 2021 年 7 月，我所在的研究室一直在研究如何抚平人们的妒忌心理。

例如，我们发现，当一个人负责某项任务时，他的妒忌心理会比没有任务时低一些，在团队中也会更加积极表现。

给每个团队成员布置任务，如果有十个人，就要让这十个人都有"任务"。这样的好处是，每个人都觉得自己重任在肩，他们把精力集中在工作上，从而减少了人际关系问题的发生。注重企业内同事之间的人际关系。他们不会再关注妒忌对象的一举一动，而是更专注于自己的任务。

团队中难免聚集了各种各样的人，因此容易产生妒忌情绪，而"任务"恰能让人发挥本领、找到存在价值，因此能够抚平消极的妒忌情绪，促进团体的良性发展。

第四节
遭人妒忌该怎么做？

遭人妒忌的人，每天的心理活动是怎样的呢？

有些人表示：

"我没妒忌过谁，但我身边倒是有人妒忌我。"

被人妒忌，从某种意义上来说是因为你有超凡之处，是一种认可。

本来这是一件值得高兴和自豪的事，但事实上在欣喜之余，遭人妒忌的人也会忐忑不安，并感觉受到了威胁。

因为我们会觉得那些妒忌自己的人，肯定在想办法对自己"使坏"。

而且我们明知道自己的同事正在妒忌着自己，却还要硬着头皮跟他一起工作，这压力也太大了吧？

如果你继续阅读本书，就不难发现，其实妒忌对象的心理状态和行为，决定了双方的关系以及妒忌者的工作表现。

一、遭人妒忌真麻烦

人们普遍能够敏锐地察觉自己是否正在遭人妒忌。

由于遭人妒忌对自己的心理、身体健康都有一定的威胁，所以我们先天就具备了自我防卫的策略。

"自从我受到公司表彰之后，同事小 Y 就对老是跟我对着干。但后来他被选为某个项目小组的成员，对我的态度就突然好起来了。显然他下次一定会抢我的功劳去讨好领导的！"

遇到上述情况时，人们一定会采取自我防卫手段，尽量避免和小 Y 接触。

不过，人类终究具有社会性，即便知道小 Y 在妒忌自己，也不想跟对方把关系闹僵。但是遭到妒忌的人又总觉得小 Y 会偷偷背叛自己，想要尽量避免和 Y 见面。因此会在"维持关系"和"保持距离"之间左右为难。

把自己宝贵的时间用在一个随时都有可能伤害自己的人身上，这到底有什么意义？自己花时间积累的知识和信息，难道就要白白地被人"偷走"吗？——这就是他们的内心呼声。

二、摆脱妒忌的 3 个选择

因为遭人妒忌的人可以说是完全处于"被动挨打"的局

面，所以这对他们来说简直是一场无妄之灾。

没人想被如此折磨人的情绪纠缠，因此会尽可能地回避、解决。

如果你想摆脱妒忌的威胁，可以采取以下三种策略，即"隐藏"、"逃避"和"与对方握手言和"。

1. 隐藏

第一个选择是隐藏。人要学会适当隐藏自己的强项和能力，凡事低调些。

俗话说"枪打出头鸟"，做人低调就是要给人一种"我其实也没那么优秀"的印象（这是一种战略性地控制自己在他人眼中形象的方式）。

比如，身处高位的人常会觉得自己遭人妒忌，所以往往会选择隐藏自己的知识和掌握的信息。

但是，即便是"隐藏"也要注意方式方法。

对于遭人妒忌的当事人而言，这也许是一个有效的措施，但是从团队整体来看，这样的行为很可能会让团队绩效下滑。

隐藏工作中必要的知识和信息，不仅会造成沟通不畅，还会引发级别（职位）方面的不匹配。

为了防止和改善各级别员工工作能力与职位不匹配的现象，管理层需要表现出对各级别的员工达到知识、信息的

"对齐"的期待。

这种期待能够带来更高的责任感，让人不会再想要"藏拙"了。

2. 逃避

第二个选择是"逃避"。逃避妒忌者，你要与对方保持距离，井水不犯河水，各自负责各自的工作，各自完成各自的任务。

其实只要你们在物理意义上接近，或者处于同一个领域，即便有人劝你"不要在意"，你也会不由自主地关注对方。

因此，创造一个让人们互相依赖的环境（特别是心理意义上的环境），让大家互相认识到对方的长处，人们就能发挥各自的强项，提高整个公司的绩效水平。

这也符合我之前提到过的"给每个人分配任务"的道理。

3. 与对方握手言和

第三个选择是"与对方握手言和"。我们应该把自己的强项和优势以及有用的信息都展示给妒忌你的人，多做一些亲社会行为❶，与其共同建立一个互帮互助的机制。

---

❶ 亲社会行为又叫利社会行为，一般可以分为利他行为和助人行为。——译者注

社会心理学家范·德温最为推崇第三种行为，即"握手言和"。

三、帮助背后有情怀

范·德温的实验如下。

首先他召集了共计 60 位男女受试者，分为"对照组"与"妒忌组"，并告诉他们"这次实验会根据受试者的表现给予一定的经济奖励"。同时将受试者和"搭档（实际并不存在）"分别安排在两个房间进行测试。

随后工作人员告知受试者自己和"搭档"的分数。

其实"搭档"的分数完全和受试者相关，不论受试者多少分，"搭档"都跟他同分。

1. 奖励有别

下面改变两个条件。

告知对照组"你的搭档和你一样，都获得了 35 元作为奖励"。

妒忌组收到的通知则是"虽然你和搭档同分，但只有受试者能获得 35 元奖励，搭档没有奖励"。

2. 援助还是漠视

之后，所有受试者被告知"搭档还会参加下面的测试（共7题），每个问题他都可以向你进行一次'场外求助'"。

受试者一般会有如下 3 种行为：

告诉对方自己认为的正确答案。

告诉对方自己也不知道答案。

漠视搭档的请求，不再继续提供帮助。

最终我们看一下坚持到最后，给搭档提供 7 次帮助的人数，在各组的占比情况："妒忌组"为 82.5%，而"对照组"则只有 60.0%。

3. 不想遭妒忌，所以才帮助

实验结果显示，人们如果带着"自己（有可能）被妒忌了"的心态，则更愿意向对方提供帮助。

这样的实验又进行过许多次，科研人员最终发现，只要人们觉得对方对自己怀有"充满恶意的妒忌"时，就会主动帮助对方。

人们一旦认定对方对自己产生了敌意，就会帮助对方，如果对自己充满钦佩（良性妒忌），则随着答题数量的增加，减少对其帮助的力度。

　　根据实验结果，范·德温和他的团队给出了如下结论：被妒忌的畏惧心理在某种意义上其实有利于团队。

　　妒忌看似是一种不良的情绪，但多亏了它，我们才能再次发现维持良好人际关系的重要性。为了创造一个让自己和对方都能安心的环境，人们不惜将自己掌握的技艺倾囊相授。

　　如果是这样，当人类遭遇前所未有的自然灾害或经济危机时，这种特性或许能帮我们闯过一劫。

　　因为随着自然环境和社会的变迁，人和人之间也会形成各种各样的差距，也总有人想着排挤他人。

　　妒忌是人们内心的一种情绪，有时，它能让我们设身处地替他人着想，从而避免不必要的争执和倾轧。

　　了解他人的处境，在我们遇到突发的现实问题时，有助于我们迅速地提出合理有效的措施。

　　这种力量在某种意义上不仅对个人有益，也能将他人、团队乃至社会的一些消极状态转为积极状态。想要实现这一切，就要保证自己在任何时候都有善良之心和容人之量。

📖 **本章重点**

- 人类容易被情绪控制做出非理性行为，其中"妒忌"心态甚至能引导人做出破坏性行为。

- 容易妒忌的人往往会把目标设定得很高，并努力实现自己的目标。

- 从领导的角度看，只要具备某些条件，怀有妒忌之心的成员反而能"引爆"整个团队的力量。

- 当"妒忌者"和"被妒忌者"联合起来，"妒忌者"的表现力会大幅提高，两人的关系也有机会变得更加密切。

第二章

CHAPTER 2

调节团队的

"温差"

"团队真不好带啊!"

当你发出这样的慨叹时,其实是你看到了团队的一些问题。

这些问题绝大多数都与成员的积极性相关。

当然,这并不是说团队内所有成员都失去了斗志,而是说有斗志和没有斗志的人之间存在一种微妙的"温差"。

有"温差"的团队很难做到心往一处想,劲儿往一处使。

事实上,团队出现"温差"的最大原因是上下级关系处理得不好。

本章中,我将从组织心理学角度,为各位讲解"团队温差"的成因以及调节"温差"、提高团队士气的方法。

第一节
"团队温差"的真相——困扰领导的两大 "差距"

一、领导和下属的关系由初遇决定

组织心理学认为,上下级关系其实是一种互相交换资源的关系。

这里说的资源包括物质资源、心理资源、社会资源。

领导能够提供给下属的资源包括晋升、加薪机会、获得重要信息、参加培训和项目的机会以及信任等。

另外,下属也能为领导提供一些资源,比如业绩、工作时间、劳动力、士气、对领导的尊敬和善意等。

上下级初遇的瞬间其实就开始了资源交换,双方都希望能够尽早建立关系(以资源交换为基础的关系),并在此后维持这段关系的稳定。

下面介绍3个有关这方面的有趣的心理学研究。

1. 领导与下属"闲聊 10 分钟"

我的研究小组曾经进行过一次实验。

我们模拟了公司中上下级第一次见面的场景。

领导（其实是"托"）负责监督指导下属。

我们告知负责扮演下属的学生："接下来你们就会和面前这位初次见面的领导一起工作了。"

之后我们将学生分为两组，工作前给每组安排了不同的附加条件。

第一组的条件：领导要时不时地跟下属搭话，内容主要是"最近挺冷啊""你感觉怎么样"等普通的日常交流内容。

第二组的条件：领导会假装工作繁忙，只是盯着眼前的电脑屏幕，就算下属跟他说话，他也不回答。

随后我们要求扮演下属的学生根据和临时领导的关系回答指定问题（例如，"你觉得在工作中和领导的关系怎样？""你能和这位领导愉快的共事吗？""你们关系融洽吗？"等）。

结果，经常和下属聊天的领导比默不作声的领导获得的评价更高，且数值具备统计学意义。

更令人吃惊的是，仅仅 10 分钟的共事，对临时领导的评价却呈现了显著的差异（这个实验其实还有后续，我将在

第三章继续为各位介绍）。

2. 领导给"新员工的第一印象"

在早期研究中，商业学家莱顿（R. C. Liden）的研究小组对企业员工做过一次问卷调查。

这项调查的结果显示，领导如果对新员工充满期待、带有善意或与新员工有共同点的话，两周后他们间的上下级关系会更加融洽。

与前文的实验相似，下属对领导的第一印象对此后上下级的关系有很大影响。

3. 见面瞬间决定今后的关系

之后科研人员又以大学生为受试者，进行了一次实验。这次实验证明，上下级关系随着时间的推进不断发展。

此次实验中，每个小组都由 5 名左右的本科生组成。

每组都安排一位研究生作为组长，负责反馈学生们的评价。

学生们负责研究的课题是基于计算机模拟的"分布式动态决策（distributed dynamic decision-making）"。这个命题主要考察人们在瞬息万变的局面下如何相互帮助遵守规定。

结果发现，组长和组员的固有关系在初次见面时就已经形成，而经过 8 小时后，这种关系就已经趋于稳定，此时组长和组员开始拥有相似的认知和评价。

3 个实验的结果都证明了，不论从工作时间，还是从与上司共事的时间来看，形成一种关系的用时其实非常短。

所以，别小看初次见面、四目相对的一瞬间，这可是构建职场关系的"第一笔投资"。

二、"温差"的真相 1：人际关系的差距

正如前文中，以大学生为受试者的调查结果显示，领导和下属相遇的瞬间其实就已经开始了资源交换（或许双方在传递一种无形的信息），并确定了公司中复杂的关系（性质）。

换言之，每个人都有各自的资源，有 10 个人就有 10 种影响形式，有 100 人就有 100 种关系。

职场关系的形式同样需要一段时间才能固定下来。

一般来说，只要能达到对某个领导、某个下属大致了解的程度，掌握了当事人的能力、人品情况，关系就算"固定下来了"。

有时候，有些人的关系就是特别密切，他们在情感上能够产生共鸣，彼此好像同时发现了另一个自己，但这始终是

少数。

虽然达到这种关系需要时间考验，但一旦人与人的关系能够如此紧密，他们甚至就能预测对方的所思所想和下一步行动。

换言之，想要预测对方的行动，就要进行前期投资。而前期投资的目的就是减轻日后相处中的负担。

不过一定要注意，这样形成的人际关系会在企业中划分出人与人的层次，甚至决定了一个人的职场生涯。

与领导关系较好的下属顺理成章地成了"自己人"（小团体内），而其余下属虽然也是团队的成员，但始终是"外人"（小团体外），因此人与人之间产生了隔阂。

与领导关系密切（联系性强，处于小团体内部）的下属和那些"外人"（关联性差，处于小团体外部）相比，他们的工作表现更好，同时职业生涯也会走得更顺畅。

另外，他们对工作的满意程度和对团队的认可度也更高。

这是因为，与领导关系密切的下属可以清楚地认识到自己在公司处于什么位置，需要扮演什么角色。

处于小团体外部的下属不论是对工作的满意度还是对团队的认可度都不如小团体内部的下属，人际关系的"温差"就这样出现了。

三、人际关系决定生活质量

哈佛大学的"格兰特研究❶"为我们证明了构筑良好人际关系的重要意义。

该实验自 1938 年在波士顿实施以来，已经观察了 700 多位受试者的人生轨迹，这项研究可谓贯穿了受试者的一生。

这项研究将受试者分为两组，分别记录他们的人生经历。

第一组受试者全都是哈佛大学的毕业生。这些学生在上学期间就为这项研究贡献了力量，由于中途经历了第二次世界大战，有些学生也有过一段军旅生涯。

另一组受试者则是波士顿最贫穷地区的少年。由于他们都来自贫穷且矛盾重重的家庭，十分适合作为对比调查的对象，因此也被选为受试者。

格兰特研究获得的资料来之不易。研究人员跟踪记录了这两组人的工作、婚姻、子女教育等一系列的生活细节，以及他们的晚年、面对战争和自然灾害的经历，从少年到老年，全方位地记录了他们人生的每个侧面。

研究搜集的资料涉及方方面面，主要有受试者及其家人

---

❶ 一场长达 78 年的人类研究，研究的课题是《什么样的人最可能成为人生赢家》。——译者注

的采访、医疗记录、血样、脑部扫描图、社会和经济状况、家族历史等。

研究人员希望通过分析这些数据，总结出人们维持健康幸福的关键性要素。

根据这些数据得出的结论是——人际关系以及情谊才是人类健康幸福的关键。

我们把人生大部分的宝贵时间都花费在了工作上，因此，虽然只是工作上的关系，但对于领导和下属而言这份关系的质量高低，也是关乎个人健康幸福的重要因素。

四、"温差"的真相 2：士气的差距

士气是推动我们行动的动力。

成员的行动力与团队的表现直接相关，甚至能够左右团队的表现，而士气正是行动力的来源，因此我十分关注士气的高低。

同时，我们还必须记住，下属之间的士气也是有差距的，而且这种差距还在持续扩大。

这是因为，每个下属的士气高低都在变化，小团体内外成员相互影响，这更是加剧了士气的波动。

士气有自我产生的部分，即内部驱动，还有经由外部产

生的部分，即外部驱动。

前者是指人们遇到自己感兴趣的方向或者擅长的项目时，或者这个人本身就是一个积极向上的人，他不需要借助他人的帮助，就能主动采取行动。

但一个团队中，不可能人人都积极向上。

而且，有些时候我们很难坚持自己的想法，也不是每次都能遇到自己想做或擅长做的工作，所以团队成员的士气也难免产生高低之差。

如果你平时热爱运动，就一定能明白这个道理。这就好像集训时反反复复地练习，想想就够让人头疼了。

团队集体状态不好的时候，即便只是练习也会让队员心烦意乱。

但是人类是很神奇的动物，有时候我们心里已经"踩了刹车"，但行动上仍能保持努力。

或许这是来自教练团队、队友等周围人的影响，或者是其他的外力因素。

队伍的氛围和规则很大程度上影响队伍的士气。

同时，一支队伍的士气也会受到来自外界（家人、同乡等）因素的影响。

总之团队成员的行为受到自我激励和外部激励的共同影响。

一支队伍不能仅仅依靠个人的顽强意志，想要提高团队整体表现，就应该构建一种"成员互相激励"的机制。

五、上下级关系融洽有利团队平稳运行

有研究证明，如果领导和下属关系融洽，团队表现普遍较好。

美国心理学家格雷恩·乔治（Graen George）曾经进行过一次现场实验，以此为契机，他正式开始了上下级人际关系水平的实证研究。

此次的研究对象是一群在美国中西部地区政府军事机关工作的员工（几乎全部都是女性，且工作内容相同）。

实验设有 4 个培训。

第 1 个培训：岗位设计培训。这次培训以研讨会形式进行，内容涉及课程、岗位情况变化、岗位实际问题，总共实施 6 周。

第 2 个培训：领导力（领导和下属的关系）培训。这个培训的目标是帮助领导和下属相互理解，构建相互扶植的关系，同时提高双方聆听他人想法的能力。被分配到这一培训的人接受了一次为期 6 周的课程，包括讲座、实际工作案例研讨和角色扮演。

第 3 个培训：前两种培训混合进行。

第 4 个培训：有关绩效评估、决策和沟通的培训。

随后向受试者提问，问题涉及对岗位的态度、满足度、人际关系方面。

结果参加第 2 个培训的受试者的上下级关系明显比参加其他 3 个培训的密切。

这次实验也首次证明了，上下级关系融洽对于团队、组织的平稳运行有很大帮助。

在随后的研究中，科研人员发现上下级关系的质量与员工的工作表现，合作关系，对岗位、领导的满足度，团队归属感，离职情况等方面有着明显的关联性。

第二节
"温差"调节行动1——"问好"的影响力

但是此次实验也暴露出了一个问题。

那就是，领导是否可以平等地对待每一个下属，不让团队内产生"温差"？

事实上，对于这个问题，在关注职场人际关系的科研人员中也有着两种不同的意见。

一部分科研人员认为，领导者当然能够和所有下属都建立紧密的联系，而另一部分科研人员则认为"绝无此种可能"。

同时，持"绝无可能"立场的科研人员中也有部分持"一视同仁的人际关系（或许）毫无意义"的观点。

本书的观点是承认一视同仁的可能性，但需要努力才能实现。

现实中，领导自然会依靠自己的得力助手，而且这在短期内绝对是一种有效的管理方法。

从某种程度上说，一定程度的差别对待反而能让下属合理地互相帮助、互相竞争，因此差别对待也是一种协调工作的方式。

如果是这样，那么你就更应该来到基层，倾听下属的心声，更加巧妙地利用这种差别。

职场人际关系有亲疏远近之分，个体心理状态也不尽相同。可以差别对待，但不能影响团队整体实力的发挥，因此我们需要把握关键点。

为了尽可能发挥个人和团队的能力，下面我们就来探讨一下如何利用职场关系的不均衡进行管理。

一、交流是件麻烦事

在职场中，相互交流其实是一项最基本的成本。

"上次我应该再确认一下的，或者早点联系你就好了！"

——为什么我们常常充满懊悔？

答案其实很简单。

沟通交流实在太麻烦。

一次成功的交流需要很多成本，比如协调自己和对方的时间，最终敲定一个彼此都适合的时间，还要选定交流的场所，而且谈话本身也很耗费精力。

如果双方不投缘就很难沟通，谈话内容不是抱怨就是毫不重要的细枝末节，如果赶上双方都特别忙的时间点，沟通成本就更大了。

因此，我们常常会觉得，自己做的是对的，沟不沟通无所谓。

带领团队阶段，我们常常会遇到极大的阻力。

大家的地位不同、权力不同，所以沟通并不通畅。

但完全"扁平化管理"的态度也不可取。

因为，如果想让团队运作更加高效，我们需要不同的等级、不同的角色和不同的视角。

团队等级分明，决策才能更加顺利，每个人的权责也才能更加分明。反之，如果全员平级，反而会相互谦让，没人能"一锤定音"。

在不同等级的人之间交流的时候，领导一定要主动出击，不要让下属有"再让我讲两句，不是说好的'畅所欲言'嘛"或者"请您耐心听我说"之类的想法。

比如你想找找有什么新的投资方向，或许下属们已经想到了你的前边，但还需要你的引导的时候。

二、一家公司的早间逸闻

有家公司下设两个工厂，每个工厂都有差不多 100 名员工。

其中一个工厂有不少员工罹患心理疾病，而另一家工厂则没有这样的现象。

那么这两家工厂的区别在哪里呢？

我向这家公司的人事主管咨询，对方告诉我，员工心态正常的那家工厂厂长，每天早上都会跟所有员工问好。

有员工出现心理问题的那家工厂的厂长则没有早间向员工问好的习惯。两家工厂厂长的不同行为，使得员工工作时的心理状态也不尽相同。

每天早上和 100 个人打招呼……虽然这听起来有点困难，但要知道，这家工厂的领导者在管理 100 名员工的同时，也守护了这 100 人的心理健康。

而且，厂长跟员工打个招呼，几乎不需要多少成本。

别看小小的一个问候，不仅能维持员工的身心健康，还能预防意外事故的发生，因此，绝对不容忽视。

三、语言的力量：捍卫企业健康发展

据 2010 年日本厚生劳动省的一项调查显示，因为心理问题日本平均每年造成约 27000 亿日元（1 日元约等于 0.05 元人民币）的经济损失。

心理问题离我们并不遥远，它甚至能左右一家企业的效率，因此绝对值得我们关注。

至少这家重视晨间问候的工厂做到了防患于未然。

虽然有不少领导愿意主动跟自己的员工打招呼，并且也能持之以恒，但如果有些员工就是对此无动于衷呢？

没关系，这种努力看似很"笨拙"，实际对于一个团队而言意义重大。

而且，每天打个招呼，也只是一句话而已。只要能说到人的心坎里，哪怕再短的一句话，也能发挥独特作用。

通过每天晨间问候的形式，领导可以趁机看看员工的表情、气色，甚至是走路的姿态。了解了员工们的不同特征，一旦对方有异于平常的表现，你就能做到早发现、早处理。

我们对全体员工都要这样做吗？

我想为各位介绍一下"问候"对于维持团队稳定团结的3个重要功能。

我之前去实地调查时，往往能听到"那家公司嘛，员工之间都不怎么打招呼的"的反馈。

关系紧张的公司，人与人之间往往不会互相问候，所以氛围死气沉沉。而氛围不活跃，人们就更加不愿意互相打招呼了，从此职场关系陷入恶性循环。

首先，问候可以作为一次沟通的开始。

我们每天一到公司，总会想着"今天会有什么挑战""希望今天能别犯错误，平平安安度过一天"，而一句"早上好"
则能缓解我们思想上的压力和不安情绪。

其次，问候能够表现出友善。

当你对同事说了一句"辛苦了"，那么在他看来，仿佛
你能深切理解他一般。

这就是他感受到自己真的融入这个团队的瞬间。

如果领导能主动让下属的内心处于安全状态，上下级的
关系也就会越来越近。

最后，问候是一种互相尊重的体现，能够互相问候也能
稳固相互尊重的关系。

正因为我们都有与人交际的经验，所以我们自然也会根
据对方不同的身份，改变寒暄、问候的方式。

四、异国的清晨

甚至可以说，晨间问候其实是一门职场生存的艺术。

我有一段旅居异国的经历。

当时我即将在热情四射的西班牙生活 7 个月，结果从到
达西班牙的第一天起就麻烦不断。都怪我前期工作没做好，
当地也没那么多人懂英语，我当年住在老城区，那里的人几
乎都只懂西班牙语。

我和当地人交流的唯一手段就是每天早上见到他们问候一句"Hola！（你好）"。我想，就算是为了不至于饿肚子，就算是为了每天能喝上一杯 Café con leche（一种西班牙人喜欢的奶咖），我也得养成每天早上跟人打招呼的习惯。

我真切体会到了能用语言沟通是多么幸福，但同时我也摆脱了语言带给我的束缚，感觉自己一下子就解放了。

也多亏这次经历，我彻底明白了"Hola（你好）"的价值。

我当时住在"老破小"的老城区，当地居民压根没见过日本人，所以我成了当地的一个"传说"，这件事我是后来才知道的，当时我是热情洋溢的东洋来客。

多亏了这个"传说"，不论是清洁员阿姨还是酒吧里的酒保，都乐意教我这个日本人几句西班牙语。

市场里的一对夫妻特别关照我，酒保老哥也成了我半个"保镖"。

就这么一句问候，就让我和人熟络、关系融洽，工作顺利。

互相问候能调节工作氛围，让人们心平气和地处理问题。

宫崎骏曾在一次访谈中坦言：

"世界上重要的事，大抵都很麻烦。"

我认为，当我们开始关注那些无足轻重的小事，能把心思放在细节上的时候，一个团队就真正"运行"起来了。

第三节
"温差" 调节行动 2——匹配对象

一、成功团队口号响亮

一个团队如何发挥力量也符合 "力的合成与分解" 的原理。

每个人都发挥自己的一份力量，才能创造一支伟大的团队。

但是力量如果朝着不同的方向拉扯，就可能形成不同方向上的力量，甚至变成背道而驰的两股力量，而这两股力量是要做减法的！

同时，一旦每日工作太过繁忙，我们工作的方向就会偏离，也容易忘记初心，失去原先的目标。

正因为每天难免忙忙碌碌，所以我们才要养成花时间确认自己努力方向的习惯。

只要平时多留心，我们就能修正自己的前进方向。

只要大家目标一致，沟通也会变得畅通无阻。

例如，许多大学体育队的队长和副队长都在努力创立属于自己队伍的口号和目标。

但遗憾的是，他们拼尽全力也想不出什么优秀的句子，也无法取得比赛的胜利。

他们想出来的口号也并不总能渗透到刚刚加入队伍的大一新生心中。

强大的队伍以及成长迅速的队伍都能把自己的口号当成队员的"主心骨"，让他们每日刻苦训练，越战越勇。

实力更胜一筹的队伍以及那些能够培养出种子选手的队伍，也更加重视口号中展现的思想。

当一个人、一个团队能够明确认识到自己努力的方向，以及当下的所作所为究竟是为了什么，他们才会取得新的进步。

二、日航哲学

企业其实和球队很像。

2010 年，日本航空公司（简称日航）按照《日本公司更生法》❶的规定宣布破产。

当时，日航的总负债额为 27000 亿日元，这是日本第二

---

❶ 日本在第二次世界大战后制定的法案，几乎照搬当时的《美国破产法》，随后在 1997 年大幅修订。——译者注

次世界大战后涉及金额最大的一宗破产案。

但仅仅两年后，日航就来了一次成功的触底反弹，创造了史上最高纯利润。

日航是一家拥有数万名员工的大型公司，却能在短时间内创造出如此丰厚的成果。

这次"翻身仗"功劳最大的莫过于他们的"日航哲学"经营理念。这一理念是日航在破产后重新竖立的新企业文化。

我们的项目团队，曾以日航员工为研究对象进行调查，结果发现，较之于公司破产前，破产后公司的风气反而更加积极向上，员工也更加团结。

我们的另一个项目团队对日航员工做过一次采访，主要询问对方在"日航哲学"实施前后的差距。接受采访的员工表示：

"'日航哲学'正式提出以前，我们工作的方方面面基本都要遵照工作手册，按部就班地完成。而且一旦想提出新想法，实施新政策，不论是领导还是同事，都不太积极，所以不太好推行。最后每个人都只能保留意见，团队不能形成一股合力。而随着'日航哲学'的推行，我们开始敢于挑战，工作氛围也开始变得积极向上。我们做任何决定都本着自己做人的良心。在公司理念的指导下，一切工作都变得顺利多了，我们自然而然地拧成了'一股绳'。"

将企业的愿景和目标渗透到每名员工的心中，凝聚团队力量，这是一项极难的工作。要知道日航是一家拥有数万名员工的巨无霸企业，他们遇到的阻力自然更大。

"我们现在还保持每年进行2次'日航哲学'培训。当初也有不少员工表示反对，我对这种照着PPT讲课的形式很有意见，甚至发表过非常过激的言论。后来公司内部搞了一次问卷调查，结果还是有很多人觉得这个培训是有意义的。有人原先反对，结果3年后他也开始觉得授课内容十分有用。所以，虽然每个人改变的速度有快有慢，但确实在他们身上都发生了微妙的变化。"

日航通过不懈努力，终于将公司的愿景渗透到了全体员工的心中。

三、给成员一个"名分"

为什么员工对愿景的理解越深入，团队实力就越强呢？下面我通过3个阶段为各位说明愿景对人们内心的影响。

1. 心理准备阶段

如果我们确信一件事应该做，我们就会做好心理准备，勇敢去尝试。

这也是积累内驱力（自发的动机）的过程。

2. 相信愿景阶段

愿景一旦深入人心，人们就会主动开始行动。

如果说，愿景是取得胜利的重要因素，你就一定会努力将其内化。

高管们的志气和他们对企业未来的美好期待也能成为员工奋斗的目标。

我们以一支运动员队伍做例子，如果连"板凳队员"也对自己队伍的愿景充满信心，那么所有人都不会因为单调的训练而感到不满了。

当你卖力训练，训练的成果能够转化成个人能力的提升或者队伍传球成功率的提升，而且你也能通过数字的形式，真切地感受到这一点时，你的认知将会成为不可动摇的精神支柱。

达成明确目标的热情甚至能够强化成为一种近乎执着的信念。

3. 提升沟通质量阶段

拥有共同愿景的团队，沟通将会更加通畅、高效，传达的信息也更加准确。

即便是平时难以启齿的信息，也能顺利传递。

团队需要一个"名分"。

一旦遇到游移不定、难以决策的时刻，"名分"就能帮我们找到答案。"名分"好像一块盾牌，你尽可以发表意见，它会帮你全身而退。

让员工悦纳目前身处的环境，能够安心地与同事们共同奋斗，这就是一家企业走向开放的第一步。

正所谓"越是超一流的企业就越愿意在基础方面下功夫"。

为了维持一个不需要考虑沟通成本的环境、稳定的人际关系和个人心理状态，领导需要和下属保持沟通，并不断强化愿景在他们心中的地位。

为了让团队集中力量，领导者和成员都必须时常思考并实践团队的愿景。

第四节
"温差"调节行动 3——再谈信息共享

一、单纯信息共享无法激励他人

不论个人还是团队，沟通的顺畅与否都在很大程度上决定了其士气的高低。

这也是最值得我们探讨的问题之一。

沟通是我们所有人每天都必须做的事情，因此我们很少一一回顾，也常常觉得自己十分精于此道，实则并非如此。

有一项报告分析了集体、团队发生问题和事故的主要原因。结果发现，很多人表示：

"最开始沟通就没做好。"

"如果项目负责人能把问题讲解得更清楚些就好了。"

但是我们很难做到尽善尽美，除非我们能做到冷静分析问题。

那么，沟通到底"差"在哪里呢？

沟通的意义并不止于分享信息。

如果你和对方动机相同，那么沟通起来自然畅通无阻。

但现实情况是，任何团队都是由不同动机的员工组成的。

因此分享信息只是沟通的基本功能，而非所有功能。

沟通的另一个重要功能是调节"温差"。

人们的士气（或者动机）主要受外部驱动力影响，沟通能大大改变成员的工作表现。

但是，即便是同样的信息、同样的问候，也会因为人员、沟通时间和沟通内容的不同而带给对方不同的力量。

二、共享"信息"和"热情"

沟通也有"热传导"效应。

冬天握手的时候，我们可能会感受到对方的手是多么温暖，自己的手是多么冰冷。

而且稍微多握一会儿，我们还能慢慢发现，两人手部的温度开始越来越接近。

沟通其实和握手很像，双方可以感受到对方的存在，并互相传递热量。

沟通能创造联系，联系又能促进或抑制日后进一步的沟通。

沟通的"热传导"功能还能让双方情感上的"温度"趋

近，只有达到这种高度的沟通才是真正有深度的沟通。

此时信息才真的完成了共享。

想达到这个状态肯定要花些时间。

毕竟一个团队中既有掌握了许多信息的人，也有掌握的信息较少的人：

既有掌握多种技艺、技巧且经验丰富的老手，也有什么都不会的新人。

既有充满希望的员工，也有怀揣不安而不能专心工作的员工。

职场本身就聚集了一群能扩大"温差"的人，所以只是言语交流肯定不够。

确实，你或许和他握过手，或许和他谈过话。

但是你真的感受过对方的热量了吗?

而且如果刚好赶上一个寒冷的早晨，对方的手冰凉，只是随意握一下，是不可能让彼此感受到同样的温暖的。

如果你遇到一个坚持反对意见的对手，又要和他谈话、交涉，你就能理解前文中"冷天握手"的例子了。

我们坐在桌子的两边，面对着彼此，此时此刻到底如何开口?

如果双方都没有产生同理心，也不能分担对方的痛苦，并分享自己的快乐，恐怕事情就不会太顺利。

三、信息共享的两大陷阱

对于前途未卜的状况以及难以明确回答的问题，领导必须有能力做出决断。

即便他不清楚何为正确，何为谬误，只要能坚信自己所选的就是当下的"最优解"，团队的力量就能集中。

信息共享对于决策和集中力量的作用不言而喻，但我们也要注意其中隐藏的两个陷阱。

1. "信息不足"的错觉

首先，我要和各位明确一点，那就是执行任务靠的并不是信息量。

现代社会，我们每天都要接触太多的信息。

我们已经被铺天盖地的信息"驯化"，因此会经常感到自己掌握的信息不够充分。

其实我们掌握的信息已经足够我们解决问题了。

但我们还是要不断地去外求：

"信息还是不够啊！"

"我应该还需要掌握其他信息。"

我们曾经通过一个商业模拟游戏观测这一现象。

在这个游戏中，一支团队的成员各自持有属于自己的信息卡片。

成员们通过口述的形式，描述卡片中零散且各不相同的信息从而形成一张地图。

虽然只要仔细分析现有的信息就能得出正确答案，但大家还是觉得信息不足，因此迟迟难有进展。

并且一旦长时间无法破解难题，成员的疑虑开始 "发酵"，人人都开始觉得从一开始这个问题就是无解的。

明明他们已经掌握了答案，结果却如此令人失望。

2. "我说过了" 的既定事实

在分享信息的过程中我们还容易犯另一个错误，那就是不甄别信息，只吸收信息。

例如，职场上有些邮件仅仅是为了陈述既成事实，只是为了防止沟通不畅或信息不全。

可是这类邮件一旦发到对方邮箱之后就会立刻失效。

这只会增加信息数量，对生产活动，尤其是创意活动毫无帮助。

四、"独有信息" 可以分享吗?

如果你想推动创造性活动和重要决策，共享哪些信息才能提升团队整体表现力？什么样的条件能刺激团队成员主动分享信息？这些都需要我们去了解。

有两种共享信息的方式有助于提升人们的工作表现力。

第一种是开放式信息共享。

第二种是分享独有信息。

经营学家马格努斯（J. R. Magnus）搜集了以往相关方向的论文并进行了分析。

结果发现，开放式信息共享，更有利于提高团队凝聚力，让团队成员间形成一种相互信赖的关系。

另外，独有信息共享对团队的工作表现有着极强的影响。

开放式的信息分享能让团队更乐于相互协助，从而使成员更愿意分享自己的独有信息。

这样做的好处是，许多成员都有机会接触独有信息，从而促使团队整体表现力的提高。

五、言简意赅

未来，我们将更加注重基于多元化沟通工具的有效且轻松的信息共享。

不论多么优质的信息，一旦传递信息的方式出了问题，反而会妨碍工作。

受新冠疫情的影响，许多企业（团队）被迫远程办公。借助互联网工具进行交流与面对面对话确实有些许不同之处。

如果是在办公室工作，人们共享同一个时空，一旦出现问题就有人能够随时跟进，但电子邮件则没有这种力量。

尤其是文字无法展现语言的细微差别和沟通时的氛围。用邮件交流时，纯文字的成分往往占据主导地位。

曾有一位临床心理学家表示"说话其实也应该和打字一样"。

今后，我们打字的时候应该出声读一读，检查一下自己的用词是否正确、语气是否合理。

以创作了米菲兔（Miffy）[1] 而闻名的迪克·布鲁纳（Dick Bruna）在创作一本每页 4 行、共计 12 页的绘本时，通过出声阅读的形式反复校对自己的文章内容。

之所以布鲁纳要这样煞费苦心地创作绘本，一方面是为了给孩子们"讲好故事"，另一方面也是为了得到孩子和家长们的认可。或许正是因为布鲁纳的语言平实易懂，他的作品才能经久不衰。

---

[1] 米菲兔，诞生于 1955 年，是世界上图画书作家之一的荷兰画家迪克·布鲁纳创作的经典动画人物。米菲深受全世界各地小朋友的喜爱。——译者注

第五节
"温差"调节行动 4——修补人际关系的差距

本章的末尾将与各位探讨，在一个企业内，如果同时存在和领导关系密切和关系冷淡的两类员工，管理者应该关注哪些重点问题。

此前我们分别从领导力的角度和信息共享的角度探讨了团队成员越擅长与领导交换资源，工作表现也就越突出。

接下来，我将介绍当领导积极地和下属建立人际关系时，往往会遭遇的两种风险。

一、风险 1：距离产生美

第一个风险是，有时候下属和领导关系越好反而越会觉得痛苦（见图 2-1）。

一个愿意付出努力的下属往往对领导言听计从，压力也随之产生了。

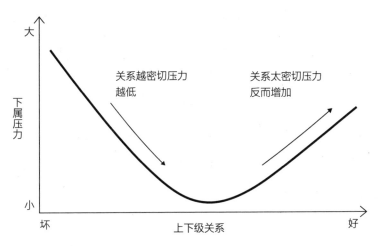

图 2-1 "上下级关系好坏"与"下属压力水平"

对于这种现象，美国经营学家哈里斯（K. J. Harris）通过在企业实地考察给出了答案。

他的研究团队发现，那些乐意和领导交换资源且关系密切的下属，为了满足领导对他们寄予的厚望，常常让自己陷入高压状态。

换言之，不论下属与领导关系冷淡还是关系太过密切，都不利于其心理健康。

有些下属会超额完成工作任务，做出超乎领导预期的成绩，他们似乎永远是毫无怨言地埋头苦干，但要知道，他们的忍耐力也是有极限的。

哲学家叔本华曾经讲过一个"豪猪两难"的寓言：

在一个寒冷的冬天，有两只豪猪被冻得瑟瑟发抖，于是它们决定依偎在一起抱团取暖。但是它们身上的尖锐的长刺总是会扎到对方。两只豪猪试了几次，终于找到了既能相互取暖，又不会扎到对方的最适当的距离。

领导和下属也应该保持这种微妙的距离。

为了保持适度的心理距离感，上下级之间应该不断沟通，了解对方，也让对方了解自己的特质。这也算是一种相互"协助"的方式。

二、风险 2：疏远会消磨下属的意志

另一个风险则是，企业中必然存在一些员工和领导关系不佳的情况。

这类下属对公司产生不了积极影响，还会给周围人带来危险的气息。这样的人大多数本身士气、工作能力（比本应达到的水平）都不会很高。

如果我们能抑制这种侵蚀企业的负面能量，进而寻找更多积极因素，那么即便人际关系的亲疏远近各不相同，也都能成为提高团队整体表现力的力量之源。

那么在什么条件下，即使人际关系的亲疏不同，也不会阻碍团队的整体力量发挥作用呢？

这取决于那些和领导关系疏远的下属，他们能拥有以下

两种态度即可：

接受"领导也很难一碗水端平"的现实。

期待"只要我足够努力，领导早晚也会关照我的"。

为什么不论领导对下属的态度如何，下属只能选择接受呢？

"领导对所有下属都应该保持一视同仁的态度"——这是职场中不言而喻的常理。如果领导对下属区别对待，就偏离了这个准则。

但是，如果领导根据下属业绩、对企业贡献度的直观表现为其提供资源，并树立这样的准则呢？

根据工作重要程度以及对团队的贡献度的不同，领导对下属的态度也会不同，这对于提高工作效率而言是无可非议的，因此下属对此也不会有怨言。

那么下属是真心实意地接受这种"无可非议"吗？

当然，交换资源的质与量对于人际关系的亲疏远近影响极大，而且这种质与量的差异越大，领导对下属区别对待就越有其合理性。

如果一个下属想从领导手中得到一些资源，并运用这些资源让自己的工作更顺利，那么这样的下属就不会"走下坡路"。

而如果下属怀有"如果我继续努力，今后跟领导的关系肯定会越来越好"的期待呢？

刚来公司的员工尤其会有这样的心态，诸如刚入职的公司新人，他们往往喜欢观察那些与领导关系密切的同事，并以之为榜样。

他们往往会观察"榜样"具备怎样的能力（与工作业绩高低、成果大小直接相关的行为特征、执行能力），做出了什么样的成就，工作时的心态如何。

通过这些观察，他们就能大致了解这家企业的领导希望下属应该保持一种怎样的工作状态了。

"只要展现自己的能力和成绩，我和领导的关系就会越来越近吧？"——如果一家企业能让员工怀着对未来的期待，那么公司管理者就不会"压榨"团队成员而是会不断激发团队的活力了。

当然，这也是一个团队能够健康、持续发展的重要前提，所以好的团队从不需要成员对领导阿谀奉承，而是会去构建一个建设性的上下级关系。

换言之，形成这种良性循环的条件就是领导需要拥有准确的"评价能力"。

领导需要具备准确且公正评判下属水平的能力，同时下属也应该独具慧眼，判别出优秀的领导。

三、企业规模越小越不容易产生"人际关系差距"

再好的药方也不可能包治百病。

虽然组织心理学有一些扎实的理论基础，但也不能轻松解决人际关系差距的所有问题。

处境变了，即便同一种药方在同一个人身上也会产生不同的效果。

首先可以明确的是，人际关系的差距会受到团队规模的影响。

虽然人际关系的差距程度相同，但小规模的团队和大规模的团队却有着不同的表现，人际关系差距产生的影响也不相同。

北京科技大学隋杨教授的科研团队以中国企业（制造业、信息技术产业等）为研究对象，进行过一次调查。

他们将 4～5 人的团队定义为小规模团队，10 人左右则定义为大规模团队。

经过分析，他们发现即便是同一个团队，也有"自己人和局外人"的细微差别，但适度的亲疏差距反而有助于团队协作，同时对团队表现也有激励作用。

但是人际关系的差距一旦过大（一部分下属和领导关系极为密切，另一部分则与领导关系冷淡，两者差距极大）团队不论是协作性还是工作表现都会变差。

因此我们似乎可以认为，下属和领导关系的亲疏远近还是不能差别太大。

但是，研究远没有结束。

他们还发现，关系差距对小规模团队造成的影响远比它对大规模团队造成的影响大。

如果明明手下没有几个下属还要搞特殊化，那么下属们肯定不能相互协助，最后团队整体的工作表现也会大打折扣。

一个团队中肯定有人跟领导关系密切，也有人和领导关系一般，因此这个团队内部也肯定会分成受领导关注的自己人组（小团体内）和不受领导待见的外人组（小团体外）。

小规模团队比大规模团队更能认识到成员彼此的价值，对每个人特点的认识也更充分。一旦领导提供了对工作有利的资源，成员们很容易发现这个资源最终的去向。

这时候，团队成员彼此就不可能有任何好感。

资源被夺走的一方会产生敌意和妒忌情绪，而独占资源的一方则会产生优越感和鄙夷的态度。

特别是小规模团队，领导是有可能关注到所有成员的，所以务必努力减少人际关系的亲疏差异。

四、修补"人际关系差距"要靠企业外部力量

前文总结的两种风险都是身为领导应该格外关注的。

我希望将本章的最后一节献给各位在职场上身处下属位置的朋友。

如果你在职场上遭遇了人际关系危机，可以尝试借助外部力量来解决。

领导掌握的资源也是有限的，而且他手里的资源也未必是最好的。

但幸运的是，并不是一个部门、一个科室就能完成所有工作，这就是我们应该利用的优势。

人际关系差异的根本原因就在于领导和下属持有的物质或精神上的资源并不相同。

从下属的角度看，只要补齐领导不足的资源，他们就能顺畅地完成任务，达成目标。

不足的部分要从公司外部获取。

公司之外自有贵人相助，获得了外部资源后，你可能会有一段奇遇或者可以拓展新的人脉。

有时候，你只有获得了外部资源，才能理解领导的言下之意和弦外之音。

你的不懈积累会为你带来全新的认知和自信，也会为你所处的团队带来价值。

第六节

远程办公时代下领导的职责

　　随着远程办公的普及，人们的工作越来越便捷，但人与人的物理距离则越来越远。很多人发现，沟通似乎比以往更加困难。

　　尤其是领导层和管理层，为了让相隔距离遥远的团队成员共同做出成绩，不得不努力提高自己的领导力。

一、远程办公的减压效果

　　比利时鲁汶大学的一个研究小组，对比利时各大企业进行了一场实验。

　　其中，"实验组（远程办公）"员工每周可以最多2次选择居家办公，而"对照组"员工则不允许居家办公。

　　为期3个月的实验结束了，统计结果显示"远程办公组"的心理压力水平明显低于"对照组"。

据说比利时通勤时段的交通状况十分糟糕。之所以产生这样的实验结果，或许正是因为实验组的员工省下了通勤时间，也不必被同事打扰工作的缘故吧？

这两组人在工作表现方面几乎没有任何差异，但是只要我们仔细观察 "远程办公组" 就会发现，他们在（与 "对照组" 没有差别）现场办公日和居家办公日的工作表现其实是有差距的。

居家办公日与现场办公日相比，员工压力水平更低，而且也更容易集中精力工作，所以工作表现更好。

研究证明，偶尔换个环境工作，感受环境差异，我们的心理健康和工作效率更能得到保障。

既然如此，我们是否应该在保证领导和下属交流顺畅的前提下，根据工作时间、工作内容实施自由办公，从而改善我们的工作方式呢？

二、距离相异，上下有别

物理上的距离也对领导力产生了影响。有一家公交公司的数据十分具有启发性。

这是因为提出 PM 理论[1]而享有盛名的三隅二不二[2]和他的科研小组的一个壮举。这份数据是他们为了降低公交车事故率，在该企业做 PM 领导力培训时积累的。

1. 什么是 PM 理论？

讲解这份数据之前，让我们稍微了解一下 PM 理论。PM 理论首先对领导力做出了两方面的评价。

首先是以目标为导向的直接且必要的问题导向型行为，即 P（performance，目标达成机能）行为。

行为方面，例如提出明确的计划和指示、随机应变的处理方式、传授新技能新知识、严格遵守规则。

其次是 M（maintenance，团队维持机能）行为。

这部分主要包括维持团队氛围、关心下属、认可对方能力和工作态度并公平对待下属。

随后根据各项指标的评分高低两两组合，从而形成 4 种领导力类型（PM 型、Pm 型、pM 型和 pm 型），详见图 2-2。

这个理论的关键在于下属对领导的评价（特别是领导的自我评价和下属对其评价之间的差距）。

---

[1] PM 理论（PM theory），研究领导行为模式的理论。日本大阪大学心理学家三隅二不二在 20 世纪 60 年代提出。——译者注

[2] 见上一条。——译者注

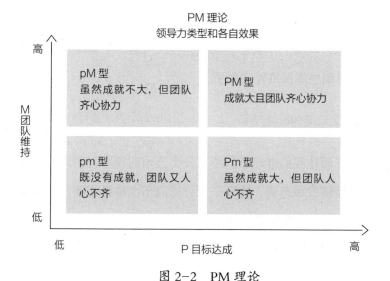

图 2-2　PM 理论

换言之，关键并不是领导"自己在表达（或想表达）什么"，即自我评价的高低，而在于领导认为"已经讲清楚"的内容是否真的深入人心。

如果领导的指示真的"深入人心"，那么下属对他的评价肯定不会低。

比如一位领导拥有 PM 型领导力，那就表示他的 P 行为和 M 行为都令下属满意。

反之，pm 型领导力则表明，要么是这位领导有所保留，要么就是他对工作参与度不够，总之他的思想并没有渗透到下属心中。

PM 型是上下级沟通无阻的状态，它比 pm 型、pM 型、

Pm 型效率更高，下属的斗志也更高，同时在员工的精神健康状态，职场工作状态（氛围、会议沟通的顺畅度、绩效规范）方面也能保持较高水平。

2. 公交公司领导力培训

下面让我们继续了解那家公交公司的领导力培训。当时日本经济发展迅速，这家公交公司的车次排得很满，但随之而来的是公司车辆的责任事故率的上升。

于是，该公司为了让领导团队拥有 PM 型领导力，开展了这次培训。

培训开始之后，公司领导团队的领导力确实得到了一定的提升。

同时，公司整体事故率开始降低。特别是有 PM 型领导把关的线路，事故率更是明显降低。

其中最有趣的变化是公交车司机的日常工作内容（也就是"开车"）。

其实驾驶员和领导每天打交道的时间也仅限于出车前（或出车后）简短地打个招呼而已。

驾驶员在工作的时候几乎见不到领导的面，但他们工作的完成情况却受到领导的"领导力类型"的影响。

该公司的工作数据告诉我们，建立和维护上下级关系才是领导工作的基础。

虽然不能见面，PM 型领导也能和下属高效互动，下属也能领会领导的思想，并在自己的岗位上发挥自己全部的热情。

通过这个案例，我深深地感受到，如今这个时代，我们的工作方式正在经历着巨变，想要提高团队的工作表现，就必须聚人心、求合力。

领导（普通员工）的领导力（影响力）所带来的正能量和负能量都比我们想象中大得多。

听说新冠疫情封控期间，有家公司的一个部门居然开办了一次在线酒会。

酒会当天，每个人都要拿着自己喜欢的酒出现在镜头前，而这些酒都是部门领导送给自己下属的。

这位领导在酒会当天根据自己手下员工的喜好，给他们邮寄了特定品牌的啤酒或饮料。

对此有员工评价"我的领导就是这么体贴"。

身为领导，既然感觉下属和自己比较疏远，何不主动出击关心一下下属？在下属感受到领导这份关心的瞬间，双方的感情自然就"升温"了。

为了保持让彼此都安心的距离，上下级每天都要做好沟通。这样做的好处是，一旦环境发生变化，彼此也能随机应变。这才是一个团队危机管理的最佳方式。

本章重点

- "前期投资"对于建立良好的上下级关系至关重要。

- 前期投入再多，团队也难免出现"温差"。这种"温差"会降低团队的工作表现力。

- 调节"温差"的 4 个行动——"问候""形成合力""调整信息共享方式""修补人际关系差距"，它们都有利于提高团队工作表现力。

- 虽然物理距离遥远，但领导同样能影响自己的下属。

第三章
CHAPTER 3

发现"隐秘的不满"，
企业转危为安

　　至今为止，你应该遇到过许多领导。那么你对他们的很多指示和要求是不是几乎都不满意或者敢怒不敢言呢？

　　领导和下属的关系不融洽——这是一个团队中最普遍的问题。

　　从领导的角度来看，即便已经做好了被周围人讨厌或者被他们的不满情绪包围的心理准备，但是他们肯定也不会愿意主动培养一个充满抱怨的团队。

　　但是团队成员"不满的开关"很容易就会被触发。

　　事实上，作为管理着一个团队的领导，他们不得不关注这种人与人之间的摩擦。有报告指出，领导花在这些事情上的时间，居然占了他们每天工作量的 20% 以上。

　　每天的工作明明那么忙，还要操心那么多人际关系方面的问题，如果还没有找到妥善的处理方法，那简直就是在浪费时间……

　　如果你已经厌倦了这种低效的处理方式，这一章绝对适合你阅读。

　　虽然每个人都有各自的特点，但人与人之间还是有很多共通的心理和行为的。全世界的组织心理学家们正在努力探明这些所谓的"人类潜在本性"。

本章将会给你戴上一副组织心理学的眼镜，让你重新审视他人，或许他们在你眼中的形象会发生巨大的转变。

同时，学习过本章之后，你也能冷静地处理自己身边的人际关系，并有的放矢地制定交流策略。

总之，组织心理学既可以是保护你免受伤害的铠甲，也能成为你激励他人的武器。

第一节
对领导的不满常被隐匿

一、理想和现实的差距

有一项关于领导和下属之间的关系的调查显示,对上下级关系感到不满的下属会有以下抱怨:

"领导只关心结果、形式和最后期限,给我太大压力了!我真的被他耍得团团转……"

"我明明按照他的指示一步步推进工作,结果没两天他又变卦了!根本不讲道理!我到底怎么做他才能满意……"

"我只是想赶紧做好手里的工作,不要加班。结果他就觉得我还有余力,反而给我安排了一大堆工作任务!这工作,今后可怎么干呢……"

"我同事自己工作效率低,只能加班,结果领导还夸他工作努力。他到底从哪儿看出来他努力的?!太不公平了……"

领导们则有以下烦恼:

"我很信任他，所以才把工作交给他的。结果他不汇报，也不联系，遇到事也不和我商量。这不是身为员工最基本的吗……"

"他不知不觉就开始自由发挥了，这给顾客和其他人添了不少麻烦啊……"

"他做事老是偷工减料，我明明很认可他的工作能力的……"

"同样的错误一遍一遍犯，他犯错不要紧，连合作方都跟着遭殃，结果他还不当回事！自己反省反省不好吗？"

公司简直就是一座专门用来收藏不满情绪的"宝库"。

所谓的不满，大多源于理想和现实的偏差。

比如，个人对公司的理念方针的理解与实际不符，上司或下属的工作方式与自己不太一样、对同一问题的意见和解决方案存在差异，对工作时间（加班）的认可和评价存在差异，等等。

这些都可能成为工作压力的来源。

据日本厚生劳动省从业人员健康情况调查显示，半数以上的职场人都有不同程度的焦虑和烦恼。

从比例来看，1987 年为 55.0%，1992 年上涨到 57.3%，到 2017 年这个比例已经上升到 58.3%。

那么，如果你是一个团队的领导该怎么办呢？

如果你觉得"下属每天都是开开心心地工作呢！"，那你就太过乐观了。你的公司也不会例外，2 个员工里就有 1 个不那么开心，他们其实满肚子都是愤懑。

二、忍字头上一把刀

领导的指示让人摸不着头脑，而且说变就变，要求又模棱两可，问得多了他还要发火……其实作为下属会经常对领导心怀不满。

曾经有一项以 600 多名日本护士为对象的调查显示，超过 60% 的员工对领导心怀不满。

"忍了吧！"

"和朋友吐吐槽就好啦！"

员工们正是通过这样的方式才把自己的负面情绪压下去的。

20% 的调查对象表示"会和领导讲道理""好好商量"，其余的调查对象则表示自己会采取强硬手段"一遍遍地强调自己的想法，直到领导同意"，或者"干脆选择无视"。

这种隐藏不满情绪的做法让我想到了美国心理学家米尔格拉姆（Stanley Milgram）进行的著名的"艾希曼实验❶"。

米尔格拉姆在实验中发现，多数人会在权威者的指示下，用"高压电"折磨自己。可见，人们即便内心受到煎

---

❶ 又称"米尔格拉姆服从性实验"。——译者注

熬，也会屈服于权威者。

三、"MUM 效应"——报喜不报忧

下属总是选择报喜不报忧，而不敢对领导畅所欲言。

美国心理学家罗森（Rosen）和泰萨（Tesser）将这种现象描述为"MUM 效应"。

"顾客投诉了，但不是什么大问题。"类似这样的"坏消息"自然是不能告诉领导的，所以员工干脆报喜不报忧，就当这种事没发生。

人们只愿意看到他们想看到的东西，而会选择忽视那些与自己设想、观点不一致的信息。

而且说出一个消极信息需要很大的勇气，毕竟这也是一种成本。

即便你在传递这些信息时很小心、很郑重，领导也会嫌你思想消极，你在他心中的评价也会越来越低。

人类的心理就是这样，没人愿意向领导汇报消极信息。

四、不敢给领导挑刺

日本的一个社会心理学研究组，向我们展示了一组仿佛

电视剧《白色巨塔》情节般的数据。

2003 年,他们发表了一篇关于医疗事故研究的论文。

此次调查的研究对象仍旧是医护人员。

某天,医护人员 A 搞错了给药量。

此时你会不会指出 A 的错误?

选择只有 3 个:

"果断指出。"

"虽然犹豫但还是指出了。"

"不指出。"

被批评的对象 A 包括护士(护士长、前辈、同辈、晚辈等),药剂师,实习医师以及正式医师。

结果显示,不同职务(医师、护士、药剂师)之间,在指出对方错误时的心理压力也不尽相同。

特别是护士在指出医师失误的时候,其抗拒心理要比指出其他职务人员失误时更强,这体现出职务间的地位差距。

另外,同样职务指出对方问题时的抗拒心理强弱有以下表现:晚辈大于同辈、同辈大于前辈。

不只是在医院,这种地位差距普遍存在。而且从经验上看,我们很能理解这种差距带来的问题。

团队内的阶层、职责、地位都造成了沟通的障碍。

似乎我们很难找对时机和方法,向别人传达那些逆耳的忠言、个人评价以及不满的情绪。

一旦考虑到人事评价和领导的感受，在领导面前很多心里话根本说不出口。

即便是简单的"报告、联系、商量"有时候也成了"知易行难"的艰巨任务。

五、"忍而不发"暗藏巨大隐患

一个团队中的大多数往往心照不宣地保持同一种思维模式，这便成了工作事故的温床。

人为失误学家詹姆斯·瑞森（James Reason）所倡导的"瑞士奶酪模型 [1]"则能简单而明确地说明这一点。

虽然瑞士奶酪上有许多个洞，但如果把许多片状、孔洞位置不同的奶酪叠在一起，就能把原有的洞堵上。

换言之，人多力量大，只要防御措施足够多，就可以防止各种麻烦的发生。

但是，如果这些措施都不起作用，就会发生工作失误和

---

[1] "瑞士奶酪模型"是英国曼彻斯特大学教授詹姆斯·瑞森（James Reason）于 1990 年在其著名的心理学专著《人为错误》（*Human Error*）中提出的。——译者注

各种疏漏。

最终小错误酿成大问题，穿透整个"奶酪"。

奶酪堆里潜伏着一只狰狞的怪兽，它甚至能够操控我们的行为。

这只怪物就在我们身边，无时无刻，千变万化，除非我们冷静下来，否则便难以分辨它的庐山真面目。这只怪物随时准备用它的毒牙刺向我们，真是够可怕的！

团队发生集体失误的时候，这只怪物也在人们身边，它还会把我们引向错误的深渊。这似乎就是人类集体的神秘力量。

在这只怪兽伸出毒牙之前，我们就应该冷静下来，互相指出对方的错误，再及时改正错误。最重要的是要给人留出改错的时间和空间。

第二节
利用不平不满

充斥着不满情绪的企业很难持续取得成就。

但是一家企业中没有人感到不满，且能常年保持这种状态就真的好吗？

其实不然，这种无法感受到渐进性的危机和环境的变化，等到发现问题时，往往无法及时应对，最终造成难以承受的后果的过程被称为"温水煮青蛙"。那么如何让那些没有不满情绪的企业避免陷入"温水煮青蛙"的境况，并让个人和团队都能持续成长呢？

接受不满的存在，并正视它。或许正是不满，才给了我们寻求改善的机会。企业要通过利用不满情绪，尝试找到解决问题的方式，这样就能净化团队，利于团队成长。

只有站在这样的视角，我们才能发现关注不满情绪是多么重要。

同时，只要你能理解不满情绪，就能力挽狂澜，把团队带向正轨。因此，不满才是给企业管理层最好的启示。

一、下属的反馈

身为领导，往往很关注下属对自己的指示是否能高效反馈。

此时，对于领导而言，最为有力的反馈信息，应该是下属对自己的指示有所反应和之后采取了积极的行动。

曾经有一项专门针对这方面的研究。研究人员询问企业领导："如果下属感到不满时，他们往往会采取什么样的行动？"可以选择的回答如下：

①"表达意见但接受上级指示。"

②"勉强接受上级指示。"

③"完全不接受上级指示（拖延或直接拒绝）。"

随后研究人员又让领导们预测各个选项的占比。

同时，他们还让下属评价一下领导，要求他们从"任务导向型（提出明确的目标、计划和指示）"和"关系导向型（重视关注和认同）"方面评价领导。

结果显示，那些认为下属会选择①的领导，比起认为下属会选择②和③的领导，在领导力的两方面都获得了更好的评价。

　　换言之，这恰能证明下属有不满情绪其实并不是什么大问题，能表达不满反而证明上下级沟通顺畅。

　　其实比起说出不满，那种压抑不满情绪咬牙继续工作的状态才会带来更多麻烦。

二、妥善解决下属微小的不满情绪

　　其实关于不满情绪，还有一个悖论。

　　那就是工作越努力，也就越能发现自己的价值，但同时也越容易产生憋闷和不满的情绪。

　　对领导产生不满情绪之后，越是压抑、积累这种情绪，下属的主体性也就越发明确。

　　这就是不满情绪积极的一面。

　　"为什么会这样……""要是再……就好啦"这种无法排解的情绪会笼罩着这部分下属。

　　那些怀有不满情绪的人，往往也是关心集体的人。

　　他们善于分析思考，并期待切实的改善。

　　从领导的角度看，自然不希望下属满腹牢骚。但是下属的不满其实也是整个团队应该思考的问题——真的是这样的吗？甚至可以利用这样的机会，了解一下下属对业务现状和对个人的新想法。

如果下属的努力中掺杂了不满，作为领导的你就应该合理应对并妥善解决。

他们本身并不想把事情闹大，也不愿意惹是生非。

他们只是希望自己的工作能够得到多一些肯定，希望自己能为团队多做贡献，希望领导能够理解自己的需求，希望自己的努力都能得到回报。

人们在把自己认为重要的观点或者对社会有价值的东西分享给别人的时候会感到无比幸福。而且当一个人渴望真心付出的时候，也能感受到幸福。

当不满情绪还不算太大的时候，也是领导了解下属处境的好时机，要学会巧妙地利用这小小的不满情绪激励下属。

第三节

将不满转化为成绩的四种环境策略

如同前文所述，不满其实正是人们认真、积极工作的表现，心怀不满的人当然也有独立思考和独立行动的能力。

所以，从这个角度看，我们反而应该支持合理的不满，只有良性发展的团队才会产生不满。

小摩擦未必是坏事，关键在于对类似问题的处理方法。

那么下属一旦产生不满情绪，我们如何把这种看似消极的事态朝积极方向扭转，并帮助我们的团队取得更大进步呢？首先，我们应该抓住转换部分的"金钥匙"。

下面我帮各位理理思绪。

如果下属对工作不满（特别是改善需求或消极信息），又不肯跟领导直接说明情况，就会留下危险因素。

他们会认为，领导不太关心我，认为领导总是一句"那你自己想想办法吧"，就又把一堆工作丢给他们了。

这些都是危险因素。

换句话说，我们要创造一种条件，让下属即便知道有风险也敢于诉苦。

一、环境策略 1：根据工作成果评价下属

比如在工作取得成绩的时候，我们是否可以严格按照标准进行适当的鼓励评价？若非如此，下属可能就会产生下述想法：

"这种烦心事儿（带来不好印象）就不要特意告诉我了。"

"我只希望不要被卷入这些麻烦事儿里。"

"就算我把这件事儿做好，领导也不会表扬我的。"

只要下属有了这样的想法，他就已经不再希望和领导有过多的交流了，他们的工作水平也就无法继续提高。

如果想创造一个良好的环境并让员工保持良好的工作状态，就必须让领导和下属都更加关注任务而非人情世故。

退一步说，至少让领导和下属能在短时间内互相合作，哪怕是临时调派也能和临时领导做好基本沟通。

一般情况下，那些忍气吞声、勉强服从的人对今后工作的认识往往是这样的：

"我要是拒绝了领导，他肯定会讨厌我的。"

"今后我还要在他手下工作的，要是得罪了他，今后肯

定没有我的好处，绩效也会受影响吧。"

假如这段上下级关系会持续很久，那么员工的这种倾向就更明显了。

评价标准当然要关注工作业绩、成效，但更要以工作年限、工作经历和年龄为基础，这种重视资历的人事制度保证了上级和下级之间的长期关系。

资历和薪酬待遇挂钩主要是为了保持员工的稳定，为此我们需要培养员工热爱公司的精神，提高团队合作的能力，还要关注公司的氛围和"土壤"。

但是，在这种看资历的公司，员工产生不满情绪的时候，往往会选择少做少错。

这时候下属应该学会摸透自己领导的类型并做出合理的应对。

如果下属和领导对工作的看法和目的一致，就可以试着直接沟通。如果不同，那么最好的做法就是"明知不对，少说为佳"。

另外，在一家重视绩效的企业，待遇不是由领导的个人好恶决定的，而是由工作的成果和成绩决定的，所以员工没必要花太多心思去琢磨自己的领导。

而且，绩效考核也有可能导致领导和下属身份互换，因此与重视资历的公司相比，大家都知道重视绩效的企业的上下级关系可能不会维持得特别长久。

根据一项针对上班族开展的问卷调查显示，比起重视资历的企业，那些成果主义、业绩主义的企业的领导和下属都更愿意交流和沟通，也更敢于畅所欲言。

换句话说，人们在约束少的环境下，才能采取建设性的行为，同时这种环境也有利于团队的净化和发展。

因此，我们有必要了解这种团队的人事制度（其功能），并学会亲手创造出这种环境。

二、环境策略 2：分配明确的任务

提高个人意识能够让我们在发现新问题并加以改善的时候，能够让事情朝着积极的方向发展。

或者说个人意识能让我们自愿承担这方面的使命。

所谓使命，即满足一个团队和组织期待的行为驱动力。

比如，领导希望入职 5 年的员工 A 提高管理能力，于是对他说"你去帮帮咱们的新员工吧"。

人一旦被寄予厚望，就会干劲十足，表现也会比以往更好。

用希腊神话比喻的话，这就是所谓的"皮格马利翁效应"。

皮格马利翁（Pygmalion）是希腊神话中出现的一位雕

刻家。

这位雕刻家居然爱上了自己的作品，还妄想将雕塑变成真人。于是希腊爱神阿芙洛狄忒（Aphrodite）给雕塑赋予了生命，让它变成了真人。

反之，人们一旦（感觉自己）不受期待，成就和业绩就无法提升，各方面表现都会变差，这就是所谓的"魔像效应"。

"魔像（golem）"，在希伯来语中是"无形者"的意思。

木雕泥塑是没有思想的魔像，只能受主人操纵，一旦额头上的符文被擦掉哪怕一个字符，就会变回一摊烂泥。

这就好比人们失去了来自他人的期待，就无法发挥自己的实力，做不出成就。

回到前面的话题。

前文提到的员工 A 成了"职场导师"，负责带领新员工，那么想来这群新员工很快就会熟悉业务开始正常工作了吧？

但是新员工的业绩实在太一般了。

如果仔细观察，你就会发现，原来 A 根本没有帮助新员工。

看来 A 似乎没能领会领导的期待和用心！

他以提高自己业绩为先，认为指导新人与自己的工作内容、考评没有直接联系，算不上自己的职责。

他没能清晰地洞察，原来指导新人才是自己必须完成的使命和工作任务。

有报告指出，明确了使命，人们在工作时才会专心致志，倾注精力。而且明确使命的人也会对自己的工作更加满意，对团队的忠诚度也会提高。

人只有意识到周围人的存在和他人对自己的期待，才会发现工作的意义，才会真心热爱自己所属的团队。

三、环境策略 3：给予心理安全感

第三种环境策略是给予心理安全感。

我们需要一个允许我们稍微冒点险的职场环境。这是成功团队的共同点。

给予心理安全感如果和前文中的"赋予使命"相结合的话，就能有效唤起下属的主体意识。

这种心理安全感，能让人们踊跃地提出解决问题的新办法，也能让员工敢于指出他人的错误行为。

培养心理安全感需要下属和上级建立相当良好的关系。

另外，如果团队成员乐意互相帮助、个人或团队都能保持一个学习的态度，那么这样的团队大概就能给员工提供足够的心理安全感。

形成了这种氛围之后，团队成员会倍感安心，于是他们开始共享信息、积极表现，工作也更加富有创造性。

卡梅利（Carmeli）和其团队在以色列对金融、电信、医药、医疗器械领域的员工进行了一次问卷调查。

结果显示，团队成员互相分享知识、设立共同目标、建立互信关系，就能创造一种让人内心安定的环境，并且这样的团队也更善于从失败中学习经验，不断努力成长。

心理安全感决定了一个团队成员到底敢"说几分实话"，而这正是团队持续发展壮大的关键。

四、环境策略 4：上级和下属的"工作目的性"需要一致

领导和下属都有各自的工作方式。

工作方式大致上可以分为"任务优先型"和"关系优先型"两大类。

有人以达成目标为优先，也有人觉得构建良好的人际关系才更重要。

一般而言，领导必须根据公司的方针，创造成就、提高业绩，这是他们的使命。与下属相比，领导更倾向于"任务优先型"。

领导和下属如果目标一致，那么自然很少有摩擦，也能高效地完成工作任务。但是如果在人际关系处理方面，上下级的认知偏差巨大，那么下属就很容易产生不满情绪。

　　地位、使命能让人产生不同的方向性，而我们必须想办法调整不同人的不同方向性。具体方法是，领导要亲切地和下属打招呼，在工作中给予下属帮助，让下属感受到被关怀和被在乎。

　　哪怕只是片刻的关怀，对下属来说都是一种极大的鼓励，有时候它们甚至能让员工迸发出超越领导的新思路。

第四节
提高进取心的沟通策略

一、夸奖还是批评?

夸奖和批评——关于这两种方式的争论自古有之,它贯穿于家庭、学校以及职场之中。

如今活跃在职场上的年轻人普遍都是那种"越夸越上进"的类型,全社会已经形成了对"好孩子是夸出来的",这句话的共识。

"夸奖"也是组织心理学中积累了大量研究的主题之一。

我们搜集了这些研究资料进行了一番综合分析,结果发现,相较于负反馈(批评等),正反馈(夸奖)更能增进人们的进取心,并让人们有更加积极的心态和行为。

比如,收到正反馈的人,对反馈内容的评价多为"确实""有用",态度配合,且能产生自我肯定感和自我效能感。

另外,有报告指出,经常收到正反馈的人,往往更爱护自己所属的团队，更愿意积极地处理自己职责外的工作，并发挥创造力，也不会轻易离开自己正在工作的公司。

二、口头表扬和经济奖励一样能激励员工

人们受到表扬的时候，大脑会产生怎样的变化呢？对此，脑科学专家使用功能性磁共振成像进行过一次实验。

这次实验共有男女 19 名受试者。

实验条件分为以下两大种类。

其一是发放现金奖励（经济报酬条件），另一个是受到他人表扬（社会报酬条件）。

在经济报酬条件下，科研人员会给受试者展示三张卡片，让他们任选一张。

受试者将根据选定的卡片进行简单的"博彩"游戏，奖金多少视游戏结果而定。

其实，奖金数量早已在实验前确定，分别分为"丰厚奖金组"、"微薄奖金组"和"无奖金组"。

另外，在社会报酬条件下，受试者将回答几个关于性格方面的问题，在摄影机前做自我介绍。

随后科研人员要求受试者们根据这些信息，说出对其他受试者的印象。这个条件同样下设三个组别。

受到积极评价的被称为"社会报酬高组"，受到消极评价的则被称为"社会报酬低组"，没有受到评价的则被称为"无社会报酬组"。

结果显示，获得经济报酬的时候，受试者大脑活跃的部位是纹状体。获得社会报酬后，受试者的纹状体同样会变得活跃。

换言之，人们在受到他人表扬时，就和获得经济奖励时一样，都能产生喜悦的心情。

三、夸能力还是夸努力?

还有一项研究表明，不同的表扬方式，也会产生不同的效果。

这项研究的受试者都是十多岁的孩子。

科研人员用几何图形对孩子们进行智力测试。

最开始科研人员给孩子们出的都是中等难度的问题。

之后不论成绩如何，都会告诉孩子们他们"做对了80%"的题目。

此时科研人员将以三种不同的方式表扬孩子们。

第一种方式是："这么难的问题都能做对，你可真聪明。"（表扬能力）

第二种方式是："这么难的问题都能做对，看来你真的很努力。"（表扬努力）

第三种方式是：不给予孩子任何表扬（对照组）。

随后再让孩子们做一套比之前更难的题目。

之后告诉孩子们一个消极的结果："你们只答对了一半的问题。"

那么，经历过这些的孩子会有怎样的表现呢？

第一次测试中被夸奖"真聪明"，受到能力方面的表扬的孩子，和那些被夸奖"真努力"的孩子究竟会有怎样的差距呢？

科研人员又通过一系列的研究为我们一一列举了孩子们的差异。

1. 追求的目标不同

不同的夸奖方式会导致孩子们追求的目标发生变化。

研究数据表明，以提高成绩为目标的孩子中，65% 更希望得到能力方面的表扬，希望被表扬努力的孩子仅有 8%。

希望被表扬努力的孩子，都以学习更多知识为目标。

被表扬"能力强"的孩子，希望自己的"聪明智慧"永远保持下去（成绩目标强化），而被表扬"真努力"的孩子则更愿意学习新知识（学习目标强化）。

2. 应对的态度不同

听到消极消息后，孩子们的应对态度和成绩也不相同。

被表扬努力的孩子和被表扬能力强的孩子相比，后者更加乐于继续答题，也期待解答新问题。

并且，他们在之后的测试中，成绩也在不断提高。

3. 报告的方式不同

孩子们对成绩的报告内容也不同。

科研人员告诉孩子们，这次考试成绩不太好，并希望他们把自己的成绩告诉给其他孩子，并讲解这次考试的题目。

接着，科研人员开始观察这些孩子的行为。结果发现，1/3 的被表扬能力强的孩子隐瞒了自己的成绩。

被表扬努力的孩子和"对照组"中的孩子隐瞒自己成绩的比率仅为 13% 和 14%。

让人们在成长的过程中认识到自己的努力——这样人们就会变得乐观积极，工作效率更高，也更容易抓住成长的资源和机会。

四、能人真是夸出来的吗？

下面我们还是来看看企业和球队的表现吧。

我曾经提出过这样的问题：

"表扬真的有利于他人吗？"

根据多年的工作经验，团队的领导往往认为表扬部下会带来以下效果：

"变得散漫。"

"部下得意忘形，之后工作不够用心。"

"容易发生工作失误。"

虽然这些说法并不能让人完全信服，但社会上对于表扬的普遍评价仍旧是"利大于弊"。但要记住，即便你多么卖力地夸奖别人，也未必能有实际的效果。

那么我们越经常表扬下属，下属的积极性就越会提高吗？

我认为现在很有必要回答这方面的问题。

如果真有这种魔法般的方法，那么我们在一线负责带队的领导，以及科研人员都不需要那么努力地研究如何提高员工的积极性了。

因此我才要再次发问：表扬，对于团队的管理者而言，真的起到了预期的作用了吗？

五、福知山线脱轨事故

我们的项目小组过去曾经发表过一篇题为《论下属正反馈无效现象》的论文。

2005 年 4 月 25 日，西日本旅客铁道（以下简称为"JR西日本"）福知山线发生了一起列车脱轨事故。

事故造成乘客和驾驶员共计 107 人丧生，562 名乘客和乘务人员受伤，因此 JR 西日本成立了安全研究所（2006 年）。这也是他们为研究事故中人为因素（人类行为特征）特设的项目。

事故原因虽然有很多，但是其中最受媒体关注的是"日勤教育"，即领导对下属进行教育的体系。

日勤教育，是对曾经发生事故（发生铁路交通事故或有此类迹象）的司机进行的再教育。根据领导的裁量，这项教育可能会有很强的惩罚性质。

JR 西日本认为，教育方式的改变和领导的水平的提升会帮助员工今后不再犯错，从而形成企业的新风尚。

他们准备从"批评文化"转为"表扬文化"。

不过，想要彻底改变团队的现状，就要让领导尝到表扬的"甜头"，让他们了解表扬的益处。

六、夸奖功效实验

那么，表扬真的有效吗？

为了回答这个问题，科研人员以兼职招聘的名义召集了80名大学生，并以实验方式进行验证。

科研人员把大学的一间办公室作为模拟办公室，让扮演下属（他们本身不知道这是一次实验）的学生们进入办公。

之后要求学生们和第一次见面的领导（其实是科研人员请来的"托儿"）一起工作。

由于扮演领导的人都曾担任过 JR 西日本的管理层，因此实验的真实性是有保障的。

领导会要求下属和参加产学研合作活动的客人进行电话交流。

学生们需要在电话里跟对方说明来参加活动的路线，并保证推荐路线的安全性和表达的精准度。

电话交流开始前，领导和下属进行 10 分钟左右的交流。

实际上到这里实验已经开始了。

条件一：高关联性组。利用 10 分钟交流时间进行日常会话。

条件二：低关联性组。领导只是盯着电脑屏幕，不和下属做任何沟通。

在实验前举办的研究讨论会上，有人提出，仅仅 10 分钟的交流，真的能明确区分出关联性（的认知）差异吗？

如果实验失败，那么就无法回答在场人们最为关切的问题了。

但是所有实验结束后，科研人员的分析结果显示，"高关联性组"的受试者比"低关联性组"的受试者更加信任自己的领导（评价、认知包括"我跟这位领导工作心里有底""我十分信任他"等）。看到这个结果，所有人终于放心了。

并且，10 分钟的领导与下属的沟通结束后，领导要求下属带着以下几个目标进行电话沟通。

条件一：基本目标条件。按照手册上的内容（电话交流礼仪），在指导对方参会路线时尽量避免失误，关注安全保障。

条件二：进阶目标条件。考虑对方感受，尽量简单明了地解释问题，努力提高服务质量。

至此实验设定了两方面共计 4 个条件，上下级关联性（高、低）和目标（基本、进阶）。

之后科研人员对受试者表示，希望借此机会搜集参考资料以便下次举办同样活动时制作预案，并要求他们就上下级关联性（是否值得信赖等）以及印象、对工作的积极度（对工作的责任感）等发表看法。而这其实是科研人员进行的一次"初始值测定"。

这部分内容刚刚记录完，就有人打来电话（打电话的人当然也是"托儿"），下面才是正式的电话交流。

在下属进行电话交流的时候，领导就在旁边继续办公。对于下属来说，这是非常紧张的状态。

第一轮电话交流结束后，领导要表扬下属。

"表扬条件组"会收到正反馈，即领导说："看得出你很努力！做得很棒！"

"非表扬条件组"的领导则一言不发。

在计算反馈时间之后，科研人员要求受试者进行第二轮问卷调查。

之后再进行一轮同样的电话交流和反馈，然后实验正式结束。

七、有效"表扬"的两个条件

下面发表实验结果。那么表扬到底发挥积极作用了吗？

答案是肯定的。

不过想要表扬发挥积极作用是有条件的，只有满足以下两个条件，表扬才能起到积极作用。

特别是对下属的积极性（对工作的责任感）的影响方

面，此次实验的结果实在耐人寻味。

1. 夸对地方

想要提高下属的责任感，领导就要"夸对地方"。

对于那些设定"进阶目标"的下属，如果领导夸奖他们"看得出你很努力了"，那么他今后面对新任务的时候也会负起责任，放手一搏。

但是，对于那些只完成"基本目标"的下属，领导再去夸他们"看得出你很努力了"的话，他的责任感也不会有丝毫变化。即便语言上做出了表扬，但这种"偏了"的表扬和下属的真实情况相去甚远。换言之，为了让下属的工作态度更加积极，领导就要明白该"夸哪方面"，然后再用积极的话语激励对方。

2. 良好的人际关系

想要提高下属的责任感，就要与下属形成一种良好的"上下级关系"。

领导夸对了地方，下属的责任感才能提高。正如社会上的普遍看法，夸奖确实是"有益"的。

但是有一点需要我们格外注意。那就是夸奖之所以能起到积极作用，主要是因为上下级的关系本来就很好。

从实验结果来看，仅仅 10 分钟的沟通就形成了较为稳固的人际关系，并能让下属在之后的工作中更加积极。

同时，相较于第一次夸奖，第二次夸奖会让下属更加负责，更加仔细地工作。

但是上下级关系不够融洽时，即便领导再怎么夸奖下属，下属的责任感也会维持在初始值之下，并长时间维持这种状态。

换言之，如果人际关系基础本身就不好，那么即便再夸奖，也不会产生积极效果，而且还有可能让下属反感。

因为从下属的角度看，工作开始前与领导的关系和相处的氛围都不算好，突然夸"我"肯定有什么目的。

实验结果表明，如果受到领导意想不到的对待，下属会感到十分迷惑，甚至还会对领导产生怀疑。

下面我们把这次实验的结果逐条展示一下：

越是夸奖下属，下属的责任感和积极性也就越高。

人际关系的基础如果不够牢固，即便夸得天花乱坠，也不能打动对方的内心。

八、"不夸奖"等于无声的斥责

下面想一想单位里和你关系不错的下属，或者想想你带的新员工。

再不然，如果你和你的领导关系还不错，那你就把自己当成这位领导。

最近，你夸奖过对方，或者被对方夸奖过吗？

下属花费时间和精力好不容易写好一份企划案或者拟好一份草稿，他把成果交给你，你会如何评价他呢？或者你认为他的领导会怎么评价他呢？

如果领导只是随便说一句"知道了"而不去夸奖下属会怎么样呢？

这位下属可能会认为：

"原来我在公司是不会受到表扬的啊……"

而且他会把这种状态当成"常态"。

其实领导的想法是这样的：

"我确实没有夸他，但他跟了我这么长时间，应该能感觉到我对他的工作是满意的啊！"

"如果他没做好，我肯定当场说，要不然肯定会出大问题的，但表扬完全可以等工作告一段落之后嘛！"

结果这句"赞美之词"最终还是没说出口。

下面我稍微补充一些有关上文实验结果的内容。

如果上下级关系密切，但领导并没有表扬（自己和他人都认可）付出努力的下属会怎么样呢？

在经过一番努力后，却没得到领导的任何反馈，下属会觉得"受到了无声的批评"。

而与领导关系疏远的下属，往往更倾向于把"无反馈"看作无声的批评。而与领导关系较好的下属虽然不会有这么大的反应，但两者的感受大致相同。

"我本来跟领导配合得（应该）很好，而且这次的工作，我也是付出了努力的呀。可是领导却连一句表扬都没有。"

现在假设有两类下属，前者与领导关系很好，但领导对他这次的工作没有一句积极评价或慰劳，后者至少得到了一句反馈。实验证明，前者比后者更容易认为自己受到了无声的斥责。

实验模仿了上下级刚刚建立关系的场面，也就是说，在属于新员工的时期，人们对上下级关系特别敏感。

我希望各位记住，因为关系疏远索性不夸奖下属，或者因为关系密切觉得不需要夸奖下属——这两种想法都是错误的。

正所谓"良言一句三冬暖"，所以请不要吝惜你的夸赞。

📖 本章重点

- 几乎所有团队成员内心都隐藏着不满情绪。

- 不过，不满其实是"干劲儿"的源动力之一，也是改变团队的推动力。能否有效利用不满情绪，可以体现出领导能力的高低。

- 想要妥善利用不满情绪，主要要把握好两个关键：首先是保证成员能够安心地提出自己的不满而不用承担任何风险，其次通过表扬提高成员的积极性。

- 语言激励并不比经济奖励效果差。不过，如果夸得"不是地方"，或者本身就没有良好的人际关系作为基础，即便夸奖对方也不会起到任何效果，还可能适得其反。

第四章
CHAPTER 4

明智地看待权力

对于领导而言，"如何妥善使用权力"是一个非常重要的议题。

如果领导一味地彰显自己的权威，以权力向下施压，那么或许他能在短时间内达成目的，但也不得不面对未来信任崩塌的危机。从长远的角度看来，团队表现力也会大幅下降。

实际上，心理学和脑科学领域已经有一些研究证明，"有权力的人"对于组织来说并没有多大益处，有时还会起消极作用。

所谓"立场塑造人"，即人们一旦处于需要为之负责的地位，就能获得相应的成长，但是这种成长并不一定都是正面、积极的。一旦一个人突然得到了一把"权力武器"，便会恣意妄为，"大开杀戒"，或许这就是人类的阴暗一面吧？

如果真是如此，我们就必须想方设法避免这种错误，不要让成员对你失去信心。总之，我们需要早做准备，迎接挑战。

本章我们将学习人们获得权力后的心理变化。那么身居领导地位的人，如何在保持团队人际关系的前提下，不断创造成就呢？那与他如何看待手中的权力息息相关。

第一节
权力能够改变一个人

一、地位能够改变人的伦理观

众所周知，地位能够塑造一个人的个性。

1971 年，心理学家菲利普·津巴多（Philip Zimbardo）和他的科研小组进行了著名的"斯坦福监狱实验"，而这次实验恰恰证明了"地位塑造人"的观点。

津巴多等人把大学的地下室改造成了实验用监狱，可见这次实验规模之大。

随后科研小组利用报纸广告的形式召集了一群来自美国各地的身心健康的市民，这些市民被随机分配为"囚犯"身份或"看守"身份。

其中"囚犯"必须穿着前胸后背印有"囚犯"编号的囚服，"看守"则配有制服、警棍以及遮挡度极高的墨镜。

他们穿着的服饰体现着很强的身份差距，又置身于实验用监狱中，扮演着不同的身份。

结果，第一天"看守"对自己的身份认同还不是很强，但几天后就开始趾高气扬，开始对犯人进行精神虐待，而"囚犯"们的言行举止也越来越像真正的"囚犯"。

此次实验让我们了解到，人们会根据处境的变化而形成不同的人格，被赋予使命、获得巨大权力会让人的伦理观改变，甚至能让人变成没有人情味的"恶魔"。

津巴多的作品《路西法效应：好人是如何变成恶魔的》[1]和电影《死亡实验》[2]都是以斯坦福监狱实验为基础创作的。

二、权力越大越容易谋私利

组织心理学研究表明，许多获得地位和权力的人会开始为自己谋利。

他们不想失去能够控制他人的权力，因此开始钻营。

讨厌下属的利己行为，所以他们十分担心下属的行为会

---

[1] 2010 年 3 月，生活·读书·新知三联书店出版的图书，作者是菲利普·津巴多，孙佩妏、陈雅馨译。本书介绍了全球最具传奇的真人实境实验，是了解人性的经典著作。——译者注

[2] 本片以 1971 年美国的"斯坦福监狱实验"为基础，根据马里奥·乔丹努（Mario Jordanou）的小说《黑盒子》改编。——译者注

危及自己的地位。

下属会在领导身边见证领导的行为。他们经常能发现领导对自己所说的和领导自己所做的逐渐偏离，而且领导根本不能跟自己共情。

人一旦获得权力，就一定会遵循着自己的人性使用手中的权力。

对权力十分渴求的人往往是利己主义者，而不太追求权力的人往往心怀慈悲，后者会利用自己的权力做一些利他行为。

例如，具有强烈权力动机的领导往往会敌视那些和他自己一样拥有强烈权力动机的下属。

权力动机即一种在地位和能力方面优于他人的愿望，或者是先于他人获得有价值的事物的愿望。

这样的人不会认真听取下属的意见，即便有的下属正在努力地跟进项目，他们也不会为那位下属提供任何指导。

你的领导是怎样的人呢？

当你的领导受到巨大压力的时候，他的工作风格和领导态度是怎样的？他会对下属说什么？

这其实就体现了你的领导的本性。

如果你发现你的领导刚好就是这种专权分子，请仔细了解他的心理，你或许会发现，他特别讨厌听到"逆耳忠言"。

　　假设你的领导总是自以为是，希望自己能够掌控一切，而你刚好带着一堆能说服他的资料准备找他聊一聊。

　　此时这位权力动机很强的领导往往会误会你，以为你是想控制他（认为你也是那种权力动机很强的下属）。

　　我希望你能知道，此时不论你的理由多么充分且正当，你的领导都不会听你的，并会与你渐行渐远。

三、与其站在他人的立场，不如关注自己的立场

　　为什么人一旦得到了权力，就想要控制别人，甚至做出残忍的行为呢？

　　那是因为，掌权者很难了解对方的立场和感情。

　　哥伦比亚大学商学院的佳林斯基（A. D. Galinsky）和他的科研团队为了探明这背后的原因，开展了一次颇具特色的实验。

　　他们首先召集了一群大学生，并设立"高权威组"和"低权威组"。

　　之后要求"高权威组"的大学生写出"让他人听命于自己的经历"和"表扬他人的经历"。

　　之所以让他们写出这类经历，主要是为了让他们感受到自己的实力。

同时，科研人员让"低权威组"的大学生写出"听命于他人的经历"和"被他人表扬的经历"。

这样做就能让这组人认识到自己能力的不足。

至此实验条件完成。

随后，科研人员让各组的同学们用魔术笔（可以轻松擦掉的马克笔）以最快速度在自己的额头上写下字母"E"。

其实这个实验的目的是观察 E 字的方向。

"低权威组"的同学倾向于让额头上的 E 字更容易让他人读懂，即开口朝自己左边。

但"高权威组"的同学则会以自己的方向写下 E 字，即开口朝自己右边（看起来是左右颠倒的 E 字）。

对此，佳林斯基教授表示：

"获得权力的人往往很难站在别人的角度思考。"

理想的领导应该有符合自己身份地位的品格和风格，但现实中的领导很少能做到这点。

而且这次实验还揭示了掌权者会在不知不觉间写出了不方便他人阅读的 E 字。

四、权力腐败

脑科学家曾经研究过那些沉迷权术的领导的习惯。

　　领导一旦感觉到自己手里握住了权力，就会频繁地对手下彰显自己的权威，继而会交给对方困难的任务，给对方施压，并过低评价对方的成绩。

　　社会心理学家大卫·基普尼斯（D. Kipnis）将这种现象称为"权力腐败（power corrupt）"，它体现了掌权者的堕落。

　　人们的行为主要由以下两种脑神经系统控制：

　　● 行为抑制系统（behavioral inhibition system，BIS）。这套系统能帮我们规避不喜欢的事情，停止当前的行为。

　　● 行为方法系统（behavioral approach system，BAS）。这套系统促进我们为了获得奖励或达成目标而采取行动。

　　一般说来，这两种神经系统处于均衡发展状态，但出现"权力腐败"时，两者的平衡将会崩溃。

　　出现权力腐败时，"行为方法系统"处于领导地位，因此当事者才会采取更加急功近利的行为。

第二节
向上影响策略

一、下属的向上影响策略体现"领导评价"

我们根本没有办法阻止领导被权力腐败的泥沼吞噬。

但组织心理学中有一种下属"管理"领导的方法，这就是"向上影响策略"。

下属使用向上影响策略后，领导能通过下属的表现了解自己在对方心目中的形象，从而达到及时内省的效果。

我从这种向上影响策略中归纳出了9个要求。

合理性：讲事实、看证据，提供专业信息，符合逻辑。

热情性：热情满满，符合对方的价值观和理想。

协商性：决策和制订计划都要允许另一方参与，或者要求对方提供帮助和建议。

迎合性：体恤领导的感情，与领导意见统一，形成"虚假的民主主义"。

交换性：双方约定互帮互助。多想想对方的好处。

个人性：提出请求前，先建立良好的人际关系。

更高权威性：获得更高权威者的支持，以规章制度为后盾。

主张性：制定必须遵守的规则，反复要求遵守。有时甚至可以带有威胁意味和施加压力。

联合性：尊重同事或下属的意见。

例如，第 1 个要求最关注合理性，而第 2 个要求最注重人们的情绪。

前几个要求，手段都比较柔和，越往后手段越强硬。

下属如果感受到自己和领导的关系密切，那么当他想要表达自己诉求的时候，往往也会趋于使用合理、热情的策略。

但是下属一旦使用第 7 个或第 8 个强硬影响策略，向领导提要求的话，上下级关系就会陷入危险状态。下属也会觉得自己根本没得到领导的信任。

二、策略选择：下属的小心思

到底使用哪套策略呢？

一般来说，人们会先预测自己的言行会产生怎样的结果，然后在这个基础上选择最有效且在自己可行范围内的影响策略。

尤为重要的一点是你的对手（领导）是谁？他是哪种人？

下面我们想象一下独裁专制的领导与重视团队合作的领导，结果显而易见。

独裁专制的领导如果对你下达了一个你难以接受的命令，你大概只能默默接受。

而且当你对他提出要求的时候，只能尽量避免争执，还不能伤到他的感情，实在是劳心费神。

但是，重视团队合作的领导会尽量征得你的理解，也愿意了解你的工作状态。

前一章中，我表达了上下级其实是一种社会资源交换关系（频繁交换资源，建立相互信赖的关系）之中的观点，因此下属有权利给出合理的解释，就完工日期和合作方式进行协商，并提出替代方案尝试解决问题。

那么还有什么因素能够影响你的一言一行呢？

比如不同任务（的内容）对我们的策略选择也有影响。

当涉及团队目标和相关需求的问题，特别是在尝试根据需要改进产品计划和预算，或者是你想要申请接手自己一直想做的项目时，可以尝试有逻辑地说服，包括使用数据（合理性策略）。

当然你也可以寻找志同道合的同事，把集体意见反馈上去（关联性策略）。

那么如果你因育儿或其他家庭原因而不得不多为自己打算呢？

如果工作氛围和谐，即便是不擅长沟通的人，也会愿意表明自己的心思（迎合性策略）。

有趣的是许多人都认为合理性策略是工作中最有效的沟通策略，而且很多研究也证明了这种策略的功效。

不过，即便如此，在实际工作中，我们总会考虑各方面的因素，不可能永远都说"逆耳忠言"。

有时候我们会考虑对方的想法，尽可能解决问题而不制造矛盾，因此只能调整自己的策略。

最后我们反而选择了和自己初衷完全相反的策略。

你越希望领导同意自己的请求，就越容易选择那些强硬的手段。

因此领导常常感到不满，没等你说清楚自己的提议和改善措施，领导就听得不耐烦了，他也许会让你受到明显的不公待遇……这些遭遇都会让你改变沟通策略。

这时，你可能认为：身为下属的你只能把自己的职业生涯作为赌注，与领导"斗一斗"了。

三、如何提高你在组织内的发言权?

政治经济学家阿尔伯特·赫希曼 [1](Albert Hirschman) 认为, 归属于组织的人, 只有 3 个选择, 即 "脱离 (不再成为该组织的成员)"、"发言 (为组织的进步建言献策)" 和 "忠诚 (与组织的关联度极高)"。

赫希曼认为, 越是忠诚的人, 在他忍无可忍选择脱离组织前, 就越乐于发表自己的意见。

这样的人虽然心里有了脱离组织的念头, 但还是会一边建言献策, 一边给自己找后路。

如果下属下定决心 (准备离职) 并积极建言献策, 那么一般说来, 领导和组织都该对他的建言引起足够重视, 想办法应对。

换言之, 忠诚有助于提高人们建言献策的主动性。

这个理论同样能指导身为下属的人们应该关注什么、重视什么。

那就是, 不论你的理由多么充分, 一旦你只顾着输出观

---

[1] 德国出生的犹太思想家, 早年沉迷于黑格尔和马克思等的哲学, 后辗转英美学习经济学, 1964 年进入哈佛大学工作。著名的发展经济学家, 当代伟大的知识分子之一。——译者注

点，偏向自己的立场，专做利己主义行为，那么你就一定不会取得多少成就。

赫希曼表示"发言是一种'阐明利益'的行为"。

如果领导发现某个下属根本没有替组织和他人着想，所谓的建言献策，不过是为了给自己争取利益，那么这位领导必然不会对这样的员工有好印象，这样的员工也不可能在团队中获得进步。

如果你的建言献策既有利于自己的发展，同时也是在为那些和你处境相同的人说话（替他们排忧解难），这样领导才能真正"听得进去"。

特别是权力动机较强的领导，下属的利己主义行为会刺激到他们脆弱的神经，并产生极坏的影响。

四、衰败组织的管理层通病

被忠诚的部下提出意见，一般而言领导总会想方设法及时应对。

如果领导没有妥善处理问题的能力，就会把组织引向衰败的泥潭。

"装傻（无视意见）"、"懒惰（应付工作）"或"脱离（离开组织）"——这就是管理层在组织衰败时的 3 种行为模式。

　　他们不能完全理解下属，不仅不能妥善处理问题，还会选择上述 3 种消极的行为模式来做应对。

　　领导只要看透了下属使用的是哪种沟通方式，就能发现对方的特点，比如下属对组织和工作的看法、信念和目标。

　　另外，领导也能推测出下属如何看待自己的领导风格。

　　这种内省的能力能有效防止一个组织走向衰败，因此领导务必要多在这方面努力。

　　优秀的领导需要有敏锐的观察力，理解那些冒着风险，敢于说出逆耳忠言的下属的处境。

本章重点

- "立场塑造人",也就是说拥有权力的人往往更容易变成利己主义者,而很难考虑对方的处境。

- 越是利己主义者越会失去团队成员的信任,因此领导更需要锻炼自己的内省力(起码要了解别人对你有多信任)。

- 领导通过观察团队成员如何对自己施加影响,来锻炼自己的内省力。

- 请注意,成员越是习惯用强硬手段提出自己的意见也就越表明他不信任自己的领导。

第五章

CHAPTER 5

挽回"失信"

　　我曾经在某家企业发表过一次演讲。演讲结束后，有一位学员举手说道：

　　"如果我和一个人的关系已经破裂了，之后要怎么跟对方相处呢？"

　　各位对这个问题怎么看呢？

　　此后，我一直在寻找这个问题的答案，并进行了一系列相关研究。本章就是我总结的答案。

　　世界上已经有很多关于上下级关系的研究，但关于上下级关系破裂后如何修复的研究却是寥寥无几。

　　很多人都会依赖经验处理这个问题（但未必奏效）。

　　如果你在网上稍微查一查，就会发现，修复关系真的很难。

　　现在我们就把自己代入到这位提问者的立场，用组织心理学来寻求答案吧！

　　首先我们要知道，如果职场的人际关系崩溃，那么所有人都不可能继续好好工作了。

　　为什么这么说呢？我们的工作大多都是为了满足他人的需求而做出的努力。

如果我们不能和周围人保持一定程度的良好关系，我们的业绩也就不可能提升。

有数据显示，关系恶化、崩溃的经历会让人的工作执行效率下降，从而导致整个部门工作效率的大幅下降。最终，公司超过六成的员工都会受到不同程度的影响。

因此员工，特别是领导层员工必须要知道，关系恶化、崩溃时人们的内心感受。

他们的心态和第三、四章中提到的心怀不满者的心态不尽相同。

除了愤怒、愤慨，他们还多了失望和伤心，这在很大程度上唤醒了人们内心中的消极一面。

我认为，我们只有认识到人类内心消极一面的存在，才能不断提升人际关系的发展水平。

第一节
信任关系瞬间崩溃

一、失去信任往往只在一瞬间

下面来谈谈我们的工作状态吧。

失去信任往往只在一瞬间。虽然我们都认为，那个"瞬间"一定会发生决定性事件，却没人能清楚地认识到它背后的真相。

曾经有一项针对男女职员的网络调查。

答题者须回忆一位领导或下属，并根据"信任关系的变化"，对彼此间的信任程度评分，并描绘信任关系的变化。

调查结果显示，过半的回答者认为自己和他人的信任关系低下，且信任评分变化的过程大致为"起初能够维持基本的互相信赖关系，但从某一天（发生了一件事）开始，双方信任关系出现急剧逆转"。

许多情况下，人与人之间共事多年，看透了彼此的人品，一旦合作关系结束，彼此的信任关系也会瞬间崩塌。

二、小批评大影响

此次调查也要求答题者讲述信任关系崩溃的发端。

多数信任崩溃都源于对方极端的攻击性、尖酸刻薄的语言或行为。

其中之一便是"有一天我听人说，他在背后说我的坏话"。

当有一天，你听说对方竟然在背后说你坏话，那么从那天起，你和他的信任关系就会瞬间崩溃，不论对方是你的领导还是你的下属。

这就是所谓的"温莎效应"，也就是说比起面对面的批评，从第三者处得知有人在背后批评自己，对人的打击更大。

太不可思议了，为什么我们会更愿意相信第三者呢?

其实这也不难解释，因为我们每天都在揣摩自己和对方的关系，每天都在思考对方到底值不值得信任。

人们的情绪和人际关系都太脆弱，太容易变化了。

同时，第三者或许能以更加客观的角度判断是非，因此我们才愿意参考第三者的意见，如果没有第三者的存在，我们自己也会继续反复琢磨（或许正因为人们有这样的心理活动，网购平台才会开放评论区的吧？）。

不论如何，我们的语言产生的不论是好的影响还是坏的影响，都比我们想象中大得多也危险得多。

三、问题出现，疑心产生

"由于下属隐瞒疏忽导致事业陷入危机"——这也是信任关系崩溃的常见原因。

仔细想想，这位下属的错误不仅仅是工作疏忽，更是隐瞒不报、为人不诚实，三"罪"并犯，其恶劣影响甚至会蔓延到整个团队。

换句话说，隐瞒工作失误造成的破坏性影响实在太大了。首先，领导对下属本身充满期许，但此事发生之后，领导就会想"他怎么能犯下这种错误？""我明明这么信任他……"。因为下属的隐瞒，领导还会感到自己遭到背叛，从而失望又愤怒，认为自己错误地信任了这位下属，真是懊悔无比。总之，领导会被负面情绪包围。

另外，这些消极情绪还会让领导立马变得对事又对人，把下属的行为和他的人品、秉性挂钩。

如果这种事情只是偶尔发生，那么我们或许还能"酌情"处理，而不是直接宣告一段关系的破裂。

但是一般而言，我们的个性（性格、价值观、道德观等）是长年累月形成的，不可能那么简单就发生改变。

影响恶劣的行为，更让人难以忘怀，而且也更容易让人把原因归结在人品上。最后索性一拍两散，"算了！再也不和这种人打交道了！"。

从此你和他就再也不能心平气和地交流了。

信用崩塌也可能因为领导"犯了错"。

"明明要和客户开交流会，结果他（领导）自己一个人请年假去外国玩了！"

"领导把我的功劳抢走，还在公司大会上邀功！"

"他话里话外只是想把工作上所有的责任都推给我！"

"领导居然让我篡改会议记录！"

这都是由领导引起的信任崩溃。上述案例不论发生哪种，下属都会在瞬间失去对领导的信任。

如果有一天，领导不道德的言行、价值观、自私的行为、权力腐败被公之于众，上下级的信任关系就会跌至冰点。

四、信任关系崩溃时上级和下属的心声

相较于那些和领导关系密切的下属，与领导关系一般的

下属的职场生涯就显得很不顺了。

在前文提到的调查中,与领导关系不佳的下属希望领导不要把能干的员工和后进的员工区别对待,希望自己的想法能得到领导的理解,至少希望领导对所有员工的态度都一样。

有些员工的愤慨更甚——"我没有别的想法(对领导不抱任何希望),我只想辞职""干脆离开算了"。

另外,领导也对那些搞不好人际关系的下属感到头疼。

而且他们对下属的期望也很简单——"能正常交流就好"。毕竟领导也是普通人啊!

虽然上下级只是在公司被动形成的关系,起码在上班时间我们还能保持理性,暂时自我欺骗,但内心深处的愤怒和悲伤是藏不住的。

五、消极情绪影响身体状况

下面我们来了解一下身体对消极情绪的反应吧。

首先我们谈谈最普遍的表现,那就是"总是感觉无精打采""学不进去新知识",也就是兴趣低落、停止思考。

另外,还有些时候,工作环境和性质都没有变化,只因为上下级关系出现问题,身体就可能出现"头疼"、"恶心"和"失眠"之类的反应。

另外，睡眠负债（sleep debt）❶也是现代社会的一大难题，有报告指出，日本每年因睡眠负债造成的经济损失已经超过 150000 亿日元。

专家指出，这一问题与职场人际关系以及成年人的工作方式息息相关。我们需要的是一套能为包括企业管理者在内的所有员工解决问题的方案。

退一步说，至少我们应该先降低人际关系问题对我们的影响。

另外，2019 年 3 月日本政府曾经以中老年人为对象，进行过一次"宅家"调查。

在日本，40 ~ 60 岁正是一个人事业的黄金时代。但据统计，全日本仍有 61.3 万这个年龄段的民众被迫超过半年很少走出家门。

这个人数远比 15 ~ 39 岁人群中很少走出家门的预计人数（54.1 万人）高出很多。更令人吃惊的是，这 61.3 万人中居然有超过半数以上的中老年人长达 7 年以上很少走出家门。

很少走出家门的主要原因如下：退休（36.2%）、人际

---

❶ 睡眠负债是指由于主动限制睡眠时间而造成的睡眠不足，该说法由美国斯坦福大学睡眠医疗中心的创建者、医学博士威廉·达蒙（William Damon）提出。——译者注

关系问题（31.3%）、不适应工作（19.1%）、求职屡屡失败
（6.4%）。约有13万人因人际关系问题选择很少走出家门。

如果加上选择"不适应工作"的参与者，那么总人数已
经超过了25万人。关于生活境况，每3个人就有1个人回答
"很不好"，四成人遇到烦恼也不会找人谈心。

第二节
修复信任关系行动 1——道歉和原谅

职场上，领导和下属是工作中的好搭档，不论对于个人还是组织来说，这都是再好不过的事。但是有时候上下级也会互相伤害、压榨，最终导致关系破裂。

前一章介绍过的"斯坦福监狱实验"的主导者、心理学家津巴多曾经说过"一个人由好变坏也需要一个过程"。

那么，在人际交往中，只要我们发现了"矛盾"的存在，关系就再也无法修复了吗？

答案是——当然能修复。之所以我们觉得不能修复，主要是因为方法不对。而且你也要真心实意地想要修复关系才行。

确切地说，我们或许做不到（短时间）100% 修复关系，但我们至少能避免最坏的结果（关系趋近于 0）。

笔者调查中搜集的数据和受试者的呼声必然能为我们的人际关系修复提供启发。

随后我将为大家介绍具体实践内容。

要注意，越是人数有限的企业，修复关系的重要性也就越高。

有关修复与重建关系的方法，我将在后文中为各位一一介绍。

一、道歉的影响力

哥伦比亚大学商学院的佳林斯基（Adam Galinsky）与宾夕法尼亚大学沃顿商学院的苏珊·施魏策尔（Susanne Schweizer）教授曾在合著《竞争与协作课程》（TAC 出版）中引用了美国西南航空公司首席执行官加里·凯利（Gary Kelly）的案例来解释如何用道歉的方式来平息对方的愤怒。

2005 年 12 月 8 日，美国西南航空 1248 号航班在芝加哥中途岛国际机场着陆时发生了事故。

当时飞机失控，与跑道前方行驶的汽车发生了碰撞。一名 6 岁男孩命丧机轮之下，现场 13 人不同程度受伤。

这是美国西南航空成立 35 年来的首次事故。

事故发生后的几小时内，美国西南航空首席执行官凯利便出席了记者招待会。他表示：

"今天对于在场的所有人来说都是一个悲伤的日子。不论用怎样的语言叹惋这场悲剧都显得苍白无力。我对被撞男孩的死亡深表悲痛。我们西南航空的全体员工都应该为他的死负责。请允许我对遇难者家属表示深切的歉意。我们保证会对所有遭遇这场事故的受害者给予补偿并尽力提供任何信息。"

随后，凯利带领全体高管乘坐飞机前往事故现场，又在当地召开了第二次记者招待会。

他对事故受害者表示了慰问，同时也承诺会提供各方面的援助。

之后他全面接受了事故的调查结果，并保证无条件遵守整改规定。

这次道歉被《芝加哥论坛报》(*Chicago Tribune*) 评价为"高效""用心"的道歉，事实也证明了，正因为凯利的正确处理，事故并未造成过大的社会影响。

2006 年，美国西南航空的需求率上涨了 8%，收益也达到了历史最高点。

凯利的道歉为什么受到如此高的评价呢？

佳林斯基教授和施魏策尔教授对此做出了解释，并总结了 6 个"成功道歉的要素"：

- 及时道歉——犯错第一时间就要道歉，速度高于一切。

- 不找借口——道歉就要直截了当。

- 学会示弱——想要找回失去的信任，就应该让自己显得弱势一些。

● 站在对方的立场思考——道歉就要设身处地替人着想。

● 保证做出改变——告诉对方自己今后的打算。

● 通过馈赠表达自己补偿对方的意愿——补偿在修复人际关系方面能起到很大作用,而且能让对方理解你忏悔的诚意。

有些企业在事故发生后没有直接道歉,结果他们之后果然很难修复人们对他们的信任。

2000年后日本食品产地造假、篡改保质期等事件屡有发生,因此开始有人专门研究如何正确地道歉。

2000年,雪印牛奶的劣质低脂乳制品引发了集体食物中毒事件。由于食物中毒的影响,有关部门组织调查,并要求该公司召回产品并发布公告。但由于公司决策太晚,最后造成了更大的危机。等到他们发布正式公告并召回产品时,食物中毒人群已经接近15000人。

雪印最大的败笔就是其领导者在记者招待会上的表现。当时有位记者要求延长会议时间,但却遭到了雪印领导者的强烈反对,他说:"要照你这么说,我干脆今晚别睡觉了呗?!"

虽然雪印领导者道了歉,但雪印集团却已经失去了人们的信任,之后公司状况越来越差。这件事也为日本的食品安全敲响了警钟。

2002 年的疯牛病恐慌加上雪印假牛肉事件 ❶ 终于让雪印集团被迫解体、改编。随后历经千辛万苦，雪印公司才重建起来，其中艰辛实在难以想象。

二、猴子们的世界

下面让我们换个视角，放眼动物世界。

各位是否在动物园之类的地方看到过黑猩猩互相梳理毛发的情景呢？

荷兰心理学家弗朗斯·德·瓦尔（Frans de Waal）认为，这种梳理毛发的行为，不仅仅会发生在关系好的黑猩猩之间，而且这种行为也不单单只有清洁身体的作用。有时候猩猩们打架之后，为了重归于好，让对方消气，或者两只黑猩猩想要加深友谊的时候，也会采取梳理毛发的方式。

尤其是短尾猴，它们打架之后一般都会以梳理毛发的方式和解。成年短尾猴面色赤红，好似怒气冲冲又似酩酊大醉，但事实上它们很少争斗也愿意和平共处。

一旦猴子们快要厮打起来，其中一方可能会用梳理毛

❶ 2002 年，雪印食品公司将廉价进口牛肉伪装成国产牛肉出售。——译者注

发来缓解气氛，还会把自己的前爪伸出去让对方轻轻地咬一咬，像极了人类之间的吻手礼。

日本广播协会（NHK）的一档名为《达尔文来了！》的节目，曾经有一期讲的就是猴王丢失之后，猴群的"王位战争"。

这次冲突实在是太严重了，到底谁才能调停这次战争，让猴群恢复往日的安宁祥和呢？这时候一只纯白的小猴子登场了。

小猴先是观察战局，然后瞅准时机，勇敢地冲进大猴的战场里。

结果正在厮打的大猴们惊呆了，于是就停止了打斗，这场战斗就这样结束了。

原来猴子们也知道修复关系的必要性和重要性呀。

由于顾及"孩子"的感受，"大人们"停止了争斗，或许这种修复关系的方式是人与猿共有的。

做了不利于他人的事或者给人添了麻烦，就应该道歉。

如果犯了错误，就要告诉对方自己绝不犯第二次，然后仍旧需要道歉。

这是我们从小就学会且长大之后也会用来教育别人的道理，但随着我们的成长，我们获得了不同的地位，却逐渐失去了从前的自我。

其实感谢之情也不那么容易表达。

因为不论是道谢还是道歉，都要把自己放在低于他人的位置。

一句"对不起"，既表示自己做错了事，又表示寻求对方原谅的诚心，它是一种自发的行为。

"谢谢"也是一样，它表示"多亏有你给我提供帮助"，是一种主动抬高对方地位，让自己的地位相对变低的行为。一句"谢谢"能让听到它的所有人都感到温暖和平静，但我们谁又能如此诚心实意地感激他人呢？

就像我们上一个话题一样，对于那些自视甚高（地位高）的人而言，最能触动他们神经的就是自己的权威不稳、面子不保。

他们认为，主动降低自己的地位是很屈辱的行为。

美国西南航空首席执行官能把自己的地位降低，主动站在对方的角度思考，这才是修复关系必不可少的精神。

三、是否该宽恕对手?

判断是否应该宽恕对手，同样是一个很难的问题。

遭到背叛的人能否宽恕背叛者对双方关系的影响尤为巨大。

如果对方能冰释前嫌，那么我们也愿意宽恕对方。如果从长远角度看，这种互惠互利的做法（根据对方的行为采取对应的行为）其实对所有人都有利。

不合作就互相报复，最后只是互相消耗对方罢了。

换句话说，从此不再合作，只顾自己的发展，这根本不是上策。

我承认修复关系的过程中，也可能会遭到对方的报复，但原谅彼此才是明智之举。

我同样承认修复关系的过程中，双方意见可能一致，也可能产生分歧，如果不主动了解对方的心态也不管对方是否真心改变，只是你一方努力，最后关系甚至会越闹越僵。

那么如果你完全不作为，结果遭到了对方的报复，你会作何反应？

有研究认为，此时你最好任由对方报复。

任由对方报复，才能更好地向对方表示，你已经对背叛行为十分后悔，希望还能恢复到互帮互助的关系。

这些研究结果告诉我们，即便一方背叛另一方或采取不合作的态度，只要背叛的一方真心悔改，就应该得到原谅。

如果你自己犯了错，就要发现错误及时改正，同时明确自己的态度。

古罗马政治家、哲学家吕齐乌斯·安涅·塞涅卡（Lucius Annaeus Seneca）也曾在《论愤怒》中发表过类似的理论：

如果原谅别人让你感到为难，就想想，如果我们大家都那么冷酷无情，究竟对谁有利？……谁会愤怒？倒不如你先温和待人。不与他人反目，回归平常。不树敌自然没有争端。如果双方怒目而视，则必起冲突。越早悔改越好。战胜别人的人才是失败者。如果有人打你，你就逃走。若你反击，他便有了继续打你的理由。到那时即便你想脱身也无法做到。

学会"积极的退让"就是宽容和饶恕的开端，它能让我们避免成为"罪恶"的牺牲品。

只有我们认识到自己心中有"不良想法"的时候，才会想要通过"每天谈一次话"、"打招呼"或"主动接触"的形式修复关系。

我们应该在严重伤害到对方，或被对方严重伤害之前，就开始努力向对方表达自己的善意。这也是构筑和谐关系的重要一步。

人际关系的长远价值能驱使施害一方和受害一方都变得更加宽容，也能让施害的一方主动道歉。

受害一方会原谅对方吗？施害一方能主动道歉吗，能主动找对方说话，拉近关系吗？

这似乎是在考验人性，但也确实是"大事化小小事化了"的方法之一。

四、道歉能够为自己解压

各位觉得道歉是为了别人还是为了自己呢？

位于加拿大的纽芬兰纪念大学的伯恩（A. Byrne）教授的研究小组，以全部普通员工和拥有 3 个下属以上的领导为对象进行了一次调查。

如果领导只顾自身利益，只关注自己的前途，或者由于领导个人知识水平有限、人际交往的技巧不足而伤害了下属的心灵，此时领导主动道歉会怎么样？此次研究证明，领导道歉确有奇效。

而且事态越严重，领导道歉的效用也就越强。

如果领导在道歉时能主动承认自己的知识不够、技能不足，并讲出自己将来的打算，这位领导的内心便会变得安宁。

或许我们有时候实在是太爱惜面子，反而没能把更重要的事情和话语记在心里。

第三节

修复信任关系行动2——谈心

一、经常和上司谈心的下属也愿意帮助同事

想要把破裂的关系引向正轨，需要花费很多精力。

虽然我们明知"不能这样下去"，但不论领导还是下属，都有自尊心爆棚和意气用事的时候，所以也可能迟迟不能打破僵局。

如果领导想要主动修复关系，有什么简单高效的方法呢？

那就是与下属谈心。

领导需要认识到，下属提供的帮助对于工作十分重要，下属的建设性意见也能帮助领导做出正确的决策。

美国领导力专家斯帕罗（R. Sparrowe）曾经进行过一次研究，结果显示，即便下属和领导关系不好，但只要经常和领导谈心，这位下属也会变得乐意为其他同事提供帮助，即便那不是他负责的工作。

为什么只要领导主动找下属谈心，哪怕双方关系不够紧密，下属也会变得更加积极呢？

谈心可能会让骄傲的领导感到"不够体面"，他们可能认为，如果下属真的愿意跟我沟通，我们的关系就不可能这么僵。

谈心的目的是让下属自然而然地积极投身工作，并引导他们提出建设性意见。

领导主动找下属探讨问题，也是对下属在职场中的一次评价，也能向其他同事证明这位下属在领导心目中的地位。

毕竟被人信任、有人求你办事总不是件坏事嘛。

领导也是下属的"评审官"，被领导委以重任，自己的意见最后又能体现在领导的决策中，对员工来说那更是一件美事了。

让团队成员每个人都尽力工作，提高下属在公司的重要性，发掘下属的强项，激发他们的自尊心——这当然都是一个合格领导的职责所在。

如果领导总是盯着下属的缺陷和不足，会影响到自己的工作态度和创造力。

与其一直抑郁、烦恼，不如退一步海阔天空，把这些遭遇当成考验自己领导能力的机会。

二、有偏见了？看看格式塔心理学吧！

首先，领导和下属的思维方式是不同的。

只有了解他人的想法，才能看到不一样的风景。

京瓷（KYOSERA）创始人稻盛和夫在他的代表作《活法》中提出过一个人生方程式，即"人生、事业的成就 = 思维 × 热情 × 能力"。

他对思维有过如下评论：思维能让我们的现实世界宛如天上人间，也能让其变成阿鼻地狱。

提到人与人之间的关系，让我想起了我初学心理学时听过的一门课程，此后我也经常引用这堂课中听到的故事。那就是格式塔心理学创始人之一的库尔特·考夫卡（Kurt Koffka）的"旅人的故事"：

一个冬天的傍晚，强风卷起漫天雪花，一个男人骑着一匹马在雪中独行。马上的男人一路顶风冒雪，在这片被大雪覆盖的荒原，循着几乎被大雪掩埋的路标，花了好几个小时，终于到达了客栈。太幸运了，在这么恶劣的环境下，居然还有这么个"避难所"。客栈老板打开门，用狐疑的眼神盯着这位异乡来客并问他从哪里来。男人指着客栈的反方向，店主人大惊失色，用充满恐惧的声音说道："您说什么？

那边是博登湖 ❶ 啊！"旅人闻言非常后怕，竟然一头栽倒在地，气绝身亡。

——《格式塔心理学原理》

这个故事告诉我们：人类并不只是在客观、物质的环境中生存，我们意识中的主观、心理的环境也左右着我们的行为。

对于这位旅人来说，博登湖只不过是一片"荒原"。

如果他一开始就知道那是一片湖水，肯定不会选择穿过结冰的湖面，也更不可能来到这间客栈。

格式塔心理学认为，各种要素组合形成整体，但整体却不单纯是部分的集合。

比如七色的彩虹，我们见到其中的每种颜色时，只会说这是某种颜色，只有见到七色的彩虹的时候才能说这是彩虹。

人类的认知和心理现象并不是立足于部分，而是立足于整体的，如果不见整体只见部分就毫无意义。

比如，一个人刚刚工作只有 20 万日元的月薪。恰巧他认为人生中最重要的就是金钱，那么这 20 万日元对他来说简直少得可怜。

不过总有些人认为人生中最重要的是爱情，那么这 20

---

❶ 博登湖曾发生过惨案。——编者注

万日元对他们来说刚刚好。

心境不同，即便面对同样的事物（20 万日元），也能感受到不同的"重量"。

格式塔心理学认为，如果领导只关注下属的缺点和他人不好的一面，那么他的心理压力就会与日俱增。只关注部分忽略整体很可能会让人的心态出现问题。

三、信任游戏"你准备存多少钱？"

我们习惯用多种思维范式理解事物，采取行动。

有研究指出，不同的思维类型会导致对人的信任行为（比如存钱）发生变化。

这项研究的主导者是意大利心理学家赛拉罗（R. Sellaro）。

此次实验邀请了 40 位 20 岁左右的男女，将他们分为两个研究组。

第一组主要考查其发散性思维，第二组考查其聚合性思维。

发散性思维课题：尽可能想出钢笔、水杯等日常用品的更多用途。

聚合性思维课题：根据例如"night/ 夜晚""wrist/ 手腕""stop/ 停止"之类的 3 个单词推导出 1 个答案（比如这 3

个词指向的是"watch/ 手表")。

每组进行 10 分钟左右的思维训练后，开始进行信任游戏。

研究人员发给每位受试者许多 5 美分硬币，并让他们决定要拿出多少钱存在别人手里。

寄存的金额会增加到原来的 3 倍，接受存款的一方可以返还任意金额给存款者，剩下的钱就归他自己了。

按理说，接受存款的一方会将半数（以上）的钱返还给对方。

这样一来，双方都能得到比原先更多的钱了。

但是由于接受存款的一方也有可能选择"吃独食"，一分钱也不会还给存款者，到时候存款者将颗粒无收。

信任游戏的结果显示，那些进行过发散性思维训练的人比接受聚合性思维训练的人更愿意相信对方，因此他们存款的数量也更大。

看来，发散性思维更适合以包容性和综合性的方式处理问题，更愿意在自己和他人之间建立联系。

发散性思维是一种站在对方角度思考、总揽全局的思维。

很可能正是发散性思维能力的高低决定了人们到底是选择"合作"还是选择"破坏"。

它不是与生俱来的天赋，而是后天形成的能力，因此它是可以锻炼的。

偶尔使用发散性思维如"头脑风暴",可以帮助我们与他人产生联系,并通力协作。

虽然你今天的工作可能只是由你独立完成的。

但即便如此,那些能够认识到自己和团队、社会的密切联系的人,不但能够得到"贵人"的帮助,还能获取所需的信息,也能在工作之中发现生活的意义和专属自己的优势。

上下级关系是不同阶层的权力关系,当我们想要修复危急时刻受伤的身心时,最先想到的办法还是保持距离。

但保持距离并不能从根本上解决问题。

那么真正的"灵药"或者说"特效药"究竟是什么?那就是与受伤的一方深入交流。

但我们还要做好思想准备,即便对方站在你的角度百般退让,向你承认错误,你可能还是不能原谅对方。

看来,想要真正实践这种修复关系的方法,确实需要一定的时间。

但这至少能让我们冷静下来,不再把自己的不幸完全归咎于他人。同时,我们还可以发现那些在我们失意时帮助我们的真朋友,在他们的帮助下继续前进。

只要你足够勇敢,带着坚定的心做人做事,剩下的就交给时间吧!

把时间当成你最强大的战友,它会帮你治疗一切伤痛。

📖 **本章重点**

- 领导与团队成员的信任关系可能会因为一次利己主义行为而崩溃。

- 如果必须修复破裂的信任关系，只需要采取两种行为：其一便是道歉（或者受害者原谅承认错误的一方）。另一个行为则是谈心。特别是在公司，领导主动找下属谈心，会让这位下属产生帮助他人的想法。

后　记

一、组织心理学起源于教学第一线

我能走上心理学这条路实在是太幸运了。如果没有学习心理学，我肯定不会有今天的成就。

下面我索性就来谈谈我为什么要花时间学习心理学以及我创作时的心路历程。

其实我在上大学前根本不知道居然还有什么"心理学"专业。我也没想过要去分析组织和个人。但是如今想来，如果不是我一心一意想当个小学老师，就不会选择学习教育学，也更不会接触到心理学。

正是"教育"让我和心理学结缘。

对于我来说，实习讲课是我实现理想，成为一名小学老师的第一步。能作为一位准教师站在讲台前，我真的很开心。

刚开始实习的时候，我们一个班级七八个实习生只是在学校观摩老师上课，负责给孩子们打饭，和孩子们聊他们喜欢的动漫角色而已。

　　我们虽然是实习生，但都很想成为真正的教师，都很想和孩子们和睦相处。

　　我负责的是小学三年级（或许我可能记错了）。结果实习第一天中午就出事了。我们的希望破灭了，根本没有孩子愿意和我们这些实习生一对一交流，一连串的问题集中发生了。

　　孩子们有时候太过直白，太过"残酷"。有个孩子突然吊在一个身材比较壮硕的男同事的手臂上大喊"举高高"，结果一群孩子就乐颠颠地围了过来。

　　而我们其他实习生只能看着一群孩子跟这个大个子同事玩得乐不可支。

　　这件事让我记忆尤为深刻。刚刚工作第一天，就把我们的实习计划全盘打乱。但是巨大的困难何尝不是最好的礼物呢？

　　我该怎么办呢？我可没有那么大力气把孩子"举高高"啊！随后我认真地思考了这个问题。而正是心理学（课程名称是"发展社会心理学"）给了我最好的答案。

　　我的导师告诉我：只要能明白孩子的心意、理解孩子的诉求，即便你没一只手就能把孩子拎起来的力气，也能有别的办法，让他们围着你转。

　　我起初对这种教人"读懂别人"的学科半信半疑，但在直觉的引导下，这节课之后我来到老师的办公室，敲响了他的门。

二、人与人的联系推动历史发展

虽然我学习心理学的契机是教师实习，但再继续追溯过往，我发现了我学习心理学的另一个机缘。

那是一个国家和一段历史的启示。国家是德国，历史却是日本镰仓时代的历史。

我的小学由于离广岛、长崎很近，所以十分提倡"和平教育"。这种爱好和平的精神必将在孩子们幼小的心灵中留下深刻的印记。

我是一个很喜欢学习历史知识的人。我一直认为日本的镰仓时代拥有着无可替代的特色。小学六年级的暑假，我成天忙碌，只为画出一幅日本各时代绘卷。那可真是费了我一番功夫啊！我记得画好之后，卷起来一看，简直跟一块年轮蛋糕似的。

整幅绘卷就是日本从古至今的历史，其中我最喜欢的还是镰仓时代的部分。

原本专属贵族阶级的文化，也普及到了武士和庶民阶层，人与人之间的关系似乎也发生了一场翻天覆地的变化，日本进入了领导者与追随者各司其职的时代。

如今我们关注的所谓"领导力"其实与之十分接近。

三、团队与个人的成长

我读研究生的时候刚好赶上日本泡沫经济崩溃[1]。我在读书之余，还在一家专门研究领导力的研究所学习了几年。

虽然我总是跟不上时代，但也发现领导力的调查、研究项目每年都在减少，同时研究活动的规模也大不如前。因此我得到了一个结论，那就是，一旦经济萧条，企业培养人才的预算就会大大缩减。

之后企业人才培养、人际关系协调方面就会出现更严重的问题。

在这样的大环境下，有些企业开始投入力量继续研究领导力，也有些企业开始涉足这一领域（之后当然取得了飞速发展）。我的老师受邀担任这些企业的领导力讲师，为企业管理层开课，于是我也以"助教"的名义跟他一起学习，也与企业方的各位前辈共同研究这一课题。

这位老师擅长引经据典，追踪时事，演讲充满激情，因此颇受企业管理层的欢迎。

---

[1] 日本泡沫经济是指日本在 20 世纪 80 年代后期到 90 年代初期出现的经济现象。这次经济浪潮受到了大量投机活动的支撑，因此，随着 20 世纪 90 年代初泡沫破裂，日本进入了大萧条时期。——编者注

但遗憾的是，我听了几次课就发现，我根本没办法模仿他。所以当得到给这位老师代课的机会时，我下定决心按照自己的方式讲课。

以数据为依托，与现场学员边交流边上课——这就是我的风格。随后这个风格几乎再没变过。本书创作的过程，我依旧想使用这个风格，引用客观数据和实证，为各位描绘现实组织中的人间众生相。

与人交际、与人联系，才能创造历史。不论对教学、国家还是大中小微企业来说，甚至是对一支球队都是如此。

任何组织都是由人组成的，人与人互相沟通，待到心意相通、互相理解的时刻，就能完成超乎想象的伟业。只要你品尝过这种喜悦，今后也必然会乐意与人合作，共同书写华章。

虽然同一个组织里的人各自有不同的看法，但既然同舟共济，当然就要朝着同一目标奋进。

人们的一言一行都能反映出他们的本色以及人与人交往的点点滴滴，可以说，人际关系给我们带来多少麻烦，就能让我们发现多少快乐。

之所以我们要在组织中构筑更紧密的人际关系，正是因为我们希望解放自己和他人的天性，并互相理解。认真地完成一项工作、克服一个难关，我们就会感受到无比的快乐，希望各位多多积累这样美好的经历。不论是你身边的老友，还是今后将会结识的新朋，都值得我们真心相待。

出版新书的机会来之不易，请允许我向钻石社编辑部各位老师和其他相关人士表示由衷的谢意，感谢你们的全力付出。

同时我还要感谢在我创作过程中，为我提供大力协助的立教大学名誉教授正田亘先生、给我莫大鼓励的其余诸位老师，以及协助我进行调查、研究的各位同事。我衷心感谢你们能跨越行业，与我相识、相交，共同进步！

山浦一保